华中农业大学公共管理学院学科建设经费资助

公共政策与社会治理论丛

房地产市场与股票市场的关联性研究

——基于政府治理的视角

胡小芳/著

科学出版社

北京

内 容 简 介

本书从政府治理的视角，分析房地产市场和股票市场的关联性。结合政府治理理论和经济学理论，梳理房地产市场和股票市场的发展过程，分析房地产价格和股票价格的波动规律，探讨房地产市场与股票市场发展过程中政策工具的传导作用和传导机制；分析房地产市场与股票市场之间的关联性，并在此基础上提出政府治理的政策建议。本书系统地分析房地产市场与股票市场关联的理论基础和传导中介，提出将房地产市场与股票市场关联性分为间接关联、资金关联和价格关联的分析框架，并对房地产价格和股票价格的关联性进行实证分析，为政府治理提供理论参考。

本书可供经济学、投资学和政治学专业的本科生、研究生与教师使用及参考，也可作为相关行政管理人员和投资者的参考书。

图书在版编目（CIP）数据

房地产市场与股票市场的关联性研究：基于政府治理的视角/胡小芳著.
—北京：科学出版社，2019.2
　　（公共政策与社会治理论丛）
　　ISBN 978-7-03-060530-6

Ⅰ.①房…　Ⅱ.①胡…　Ⅲ.①房地产市场-关系-股票市场-研究
Ⅳ.①F293.35 ②F830.91

中国版本图书馆 CIP 数据核字（2019）第 026359 号

责任编辑：邓　娴／责任校对：贾娜娜
责任印制：张　伟／封面设计：无极书装

科 学 出 版 社 出版
北京东黄城根北街 16 号
邮政编码：100717
http://www.sciencep.com
北京虎彩文化传播有限公司 印刷
科学出版社发行　各地新华书店经销
*
2019 年 2 月第 一 版　开本：720×1000　B5
2019 年 2 月第一次印刷　印张：9 3/4
字数：200 000
定价：78.00 元
（如有印装质量问题，我社负责调换）

"公共政策与社会治理论丛"总序

公共管理学科是管理学、经济学、政治学、法学和社会学等相关学科交叉而形成的一门应用型学科。自从 20 世纪 20 年代引进我国以后，特别是中华人民共和国成立、改革开放以来，公共管理理论与方法得到了长足的发展。国家治理体系，社会组织与社会治理能力，国家发展与国际竞争战略，能源、资源、环境与可持续发展战略，人口、卫生与社会保障，公共安全与危机管理，创新体系与公共政策成为国际公共管理学科普遍关注的重大课题。随着我国经济社会转型，政府法制化建设、政府职能转变、公共部门和非营利组织的发展，公共管理理论与方法研究已经在国家体制机制改革、政府和社会治理能力建设、改善民生中发挥着越来越重要的作用。

华中农业大学公共管理学科有近 60 年的历史。1961 年创办了全国第二个公共管理本科专业（土地资源管理）；1987 年获得全国第一个公共管理类硕士点（土地资源管理）；1996 年获得全国农业院校第一个教育经济与管理硕士点；2003 年获得全国第三批土地资源管理博士点；2005 年获得公共管理一级硕士点；2012 年获得公共管理博士后流动站；2015 年开始招收行政管理专业本科生。2018 年获得公共管理一级博士点。经过近 60 年，在几代华农公共管理人的不懈努力下，华中农业大学已经成为中国公共管理本科、硕士、博士和博士后教育体系齐全的人才培养重要基地。

华中农业大学 1960 年建立土地规划系；1996 年成立土地管理学院；2013 年土地管理学院从经济管理学院独立出来与高等教育研究所组成公共管理学院。经过近 60 年的研究积累，已经形成了行政管理与乡村治理、公共政策与社会服务、土地资源管理和教育经济管理等四个稳定的研究方向。近年来主持教育部哲学社会科学重大课题攻关项目 1 项，国家自然科学基金项目 36 项，国家社会科学基金项目 21 项，教育部人文社会科学基金、博士点基金项目 20 项，中国博士后科学基金项目 15 项。

华中农业大学公共管理学科在兄弟院校同行的大力支持下，经过学科前辈的艰苦奋斗，现在已经成为中国有影响力的、重要的人才培养、社会服务、科学研究基地。《县级政府基本公共服务质量管理体系研究》《新型城镇化进程中的县域合作治理研究》《典型治理——基于联系点制度运作的分析》《基于信任的网络社区口碑信息传播模式及其演化研究》《农村综合信息服务：供求分析、模式设计与制度安排》《研究生全面收费的政策分析：目标、限度与改进》《城市垃圾治理中的公众参与研究》《房地产市场与股票市场的关联性研究——基于政府治理的视角》《城市弱势群体住房保障制度研究》等为华中农业大学公共管理学科教师承担的国家自然科学基金、国家社会科学基金和教育部人文社会科学基金项目的部分研究成果，组成"公共政策与社会治理论丛"。

"公共政策与社会治理论丛"的出版，一来是对我们过去在四个研究方向所取得的研究成果的阶段性总结；二来是求教、答谢多年来关心、支持华中农业大学公共管理学科发展的领导、前辈、国内同行和广大读者。

张安录

2018 年 1 月 20 日

前　言

　　房地产市场和股票市场历来就是风险积聚的重要载体。国外历次经验表明，房地产市场和股票市场的剧烈震荡之间存在着关联性，并且这种关联达到一定程度时就会加速泡沫的破灭，给国民经济造成严重后果，甚至导致国民经济走向衰退。始于 20 世纪 90 年代的日本房地产市场泡沫破裂和股票市场崩盘，直接导致日本长达十多年的经济衰退，给日本经济带来的创伤至今难以恢复。1997 年爆发的亚洲金融危机，是投机性金融活动所引起的信用扩张和房地产泡沫共同导致股票市场下跌所引起的。2008 年，由美国次贷危机引发的金融危机波及全球，其罪魁祸首是房地产泡沫，并导致股票市场大幅下跌。这些事件对于认识我国股票市场和房地产市场之间的关系有着重要的借鉴意义。

　　我国自从 1998 年住房货币化改革以来，房地产消费需求获得巨大释放，房地产市场得到极大繁荣。1998 年 12 月 29 日第九届全国人民代表大会常务委员会第六次会议通过《中华人民共和国证券法》，标志着我国股票市场步入正轨。随着我国经济的发展，股票市场和房地产市场规模不断扩大，这两个市场的互动对国民经济的影响也越来越重要。目前我国正处于完善市场经济体制的关键时期，股票价格和房地产价格波动较大，研究二者之间的内在联系，无论是对政府实施宏观调控，还是对投资者配置资产组合，都有着非常重要的指导意义。

　　本书从政府治理的视角，分析房地产市场和股票市场的关联性。结合政府治理理论和经济学理论，梳理房地产市场和股票市场的发展过程，分析房地产价格和股票价格的波动规律，探讨房地产市场与股票市场发展过程中政策工具的传导作用和传导机制；从间接关联、资金关联和价格关联三方面出发，分析房地产市场与股票市场之间的关联性；并在此基础上提出政府治理的政策建议。本书的创新在于系统地分析房地产市场与股票市场关联的理论基础和传导中介，提出将房地产市场与股票市场关联性分为间接关联、资金关联和价格关联的分析框架，并对房地产价格和股票价格的关联性进行实证分析，为政府治理提供理论参考。

　　衷心感谢我的博士生导师——中国人民大学公共管理学院严金明教授。攻读博士期间，正值美国次贷危机爆发，我开始对房地产市场和股票市场的关联性产生浓厚的兴趣。这项研究涉及房地产市场和股票市场，具有一定的挑战性。严金明老师给予我极大的鼓励和帮助，并给予细心指导，每次和严老师讨论都带给我新的收获。在此衷心感谢严金明教授！

　　本书的出版得到华中农业大学公共管理学院出版基金的资助，在此感谢学校领导和公共管理学院程为民书记、张安录院长等领导的关怀。感谢华中农业大学公共管理学院的韩桐魁教授、陆红生教授、杨钢桥教授、胡银根教授等，他们在工作上的指导和帮助使我受益匪浅。在此深表感谢！

　　1998 年以后，我国房地产市场和股票市场基本确立，其在国民经济中的作用日益显现，如何保证房地产市场和股票市场健康稳定地发展成为我国政府治理的重要内容。本书研究房地产市场与股票市场的关联性可作为我国政府治理的依据，这将有利于政府确定合适的调控手段、调控力度和调控方向。囿于研究者的能力和水平，书中难免有不足之处，敬请读者不吝赐教。

胡小芳

2018 年 8 月于武汉狮子山

目　　录

第 1 章　绪论 ……………………………………………………………………… 1

第 2 章　中国股票市场与房地产市场发展历程 ……………………………… 3
 2.1　中国股票市场发展进程及政策 …………………………………… 3
 2.2　中国房地产市场发展进程及政策 ………………………………… 11

第 3 章　股票市场与房地产市场关联的理论基础 ………………………… 22
 3.1　政府治理理论 ……………………………………………………… 22
 3.2　经济周期理论 ……………………………………………………… 24
 3.3　泡沫经济理论 ……………………………………………………… 31
 3.4　投资组合理论 ……………………………………………………… 35
 3.5　财富效应理论 ……………………………………………………… 39

第 4 章　股票市场与房地产市场关联的传导中介 ………………………… 45
 4.1　宏观经济中介 ……………………………………………………… 45
 4.2　宏观政策中介 ……………………………………………………… 53
 4.3　资金流动中介 ……………………………………………………… 57
 4.4　心理预期中介 ……………………………………………………… 59

第 5 章　房地产市场与股票市场的间接关联 ……………………………… 62
 5.1　房地产市场、股票市场与宏观经济之间的关系 ………………… 62
 5.2　房地产市场、股票市场与通货膨胀之间的关系 ………………… 72
 5.3　房地产市场、股票市场与货币供应量之间的关系 ……………… 75
 5.4　房地产市场、股票市场与利率之间的关系 ……………………… 78
 5.5　房地产市场、股票市场与汇率之间的关系 ……………………… 80
 5.6　宏观经济变量对房地产价格、股票价格影响的实证研究 ……… 85

第 6 章　房地产市场与股票市场的资金关联 ……………………………… 90
 6.1　房地产市场、股票市场与银行贷款 ……………………………… 90
 6.2　房地产价格与股票价格对消费的影响 ………………………… 104
 6.3　房地产价格与股票价格对投资的影响 ………………………… 109

第 7 章　房地产市场与股票市场的价格关联 …………………………… 119
 7.1　房地产价格与股票价格的互动机理 …………………………… 119

7.2　我国房地产价格与股票价格关联的实证分析 ……………………… 120

7.3　美国房地产价格与股票价格的关联性 …………………………… 127

第 8 章　房地产市场与股票市场关联下的政府治理 ………………… 134

8.1　政府治理的作用 …………………………………………………… 135

8.2　政府治理中存在的问题 …………………………………………… 136

8.3　政府治理的建议和对策 …………………………………………… 138

参考文献 …………………………………………………………………… 140

第1章 绪 论

    房地产市场和股票市场是国民经济中风险积聚的重要载体。国外的历次经验显示，房地产市场和股票市场的剧烈震荡之间存在着关联性，并且这种关联达到一定程度时就会加速泡沫的破灭，对国民经济造成严重影响，甚至导致国民经济走向衰退。开始于 1990 年的日本股票市场崩盘和开始于 1991 年的日本房地产市场泡沫破裂，直接导致日本长达十多年的经济衰退，给日本经济带来的重创至今难以恢复。1997 年爆发的亚洲金融危机，是投机性金融活动引起的信用扩张和房地产泡沫共同导致股票市场下跌所引起的。2008 年，由美国次贷危机引发的金融危机波及全球，其罪魁祸首是房地产泡沫，并导致股票市场大幅下跌。这些事件对于认识我国股票市场与房地产市场之间的关系有着重要的借鉴意义。

    1998 年，国务院发布了《国务院关于进一步深化城镇住房制度改革加快住房建设的通知》，宣布停止住房实物分配，逐步实行住房分配货币化。这一制度明确了住房体制改革的市场化方向，极大地促进了房地产市场的发展。房地产业逐渐成为国民经济的支柱产业。房地产开发企业投资额由 1998 年的 3614.20 亿元增长到 2016 年的 102 580.60 亿元。在此期间出现了三次较快增长，即 2004 年房地产开发企业商品房平均销售价格同比上涨 17.76%，2007 年同比上涨 15.38%，以及 2009 年同比上涨 23.18%。其中，2007 年下半年受美国金融危机的影响，我国房地产市场低迷，房地产价格回落。2008 年，房地产开发企业商品房平均销售价格同比下降 2.19%，到 2009 年下半年房地产市场才逐渐回暖。

    与房地产业的启动几乎同步，1998 年，我国颁布了《中华人民共和国证券法》（以下简称《证券法》），股票市场逐渐步入正轨。2005 年，经过股权分置改革后，上证综合指数从 2005 年的 998.23 点攀升到 2007 年 10 月的 6124.04 点的历史最高点，此后，受美国金融危机的影响，上证综合指数出现腰斩式暴跌。2008 年，在国务院颁布扩大内需、促进经济增长的十项措施及确定应对金融危机的一揽子计划后，受市场良好预期的影响，上证综合指数逐渐回升。

    我国房地产价格和股票价格的变化显现出一定的关联性。2001～2005 年，我国股票价格不断下跌，而房地产价格却不断上涨，两者呈现跷跷板式的关系。这是因为资金从股票市场流向了房地产市场。2005 年后，股票价格与房地产价格两者相互递进，呈现同向发展趋势。这是因为经济的良好预期导致了股票价格的上涨，股票价格的上涨为开发商提供源源不断的融资资金，同时股票价格上涨的财富效应促进房地产市场的消费需求增加，从而推动房地产价格上涨，而房地产价格上涨的财富效应反过来又刺激股票价格不断上涨；当股票价格下跌之后，开发商融资困难，同时股票市场的财富效应严重弱化，房地产消费需求减少，并且股票市场的投资者基本被套牢，资金无法进入房地产市场，使房地产投资减少。

近年来，随着我国经济的发展，股票市场和房地产市场规模不断扩大，两个市场之间的联系越来越密切，两者之间的关联性对国民经济的影响越来越重要，因此，股票市场与房地产市场成为我国政府治理的焦点。中共十八届三中全会提出全面深化改革的总目标，即完善和发展中国特色社会主义制度、推进国家治理体系和治理能力现代化的总目标。改革开放以来，我国的市场经济体制基本确立，综合国力不断加强。政府治理国家的理念、方式及制度如何与时俱进的问题成为我国经济和社会可持续发展的关键问题。1998 年以后，中国房地产市场和股票市场基本确立，其在国民经济中的作用日益显现，保证房地产市场和股票市场健康稳定发展成为我国政府治理的重要内容。本书研究的房地产市场与股票市场的关联性将成为我国政府治理的依据，有利于政府确定合适的调控手段、调控力度和调控方向。

第2章　中国股票市场与房地产市场发展历程

2.1　中国股票市场发展进程及政策

2.1.1　中国股票市场的发展进程

19世纪中后期，李鸿章等倡导的"洋务运动"推动了中国股票市场及股份制度的发展。1872年，李鸿章在上海创办了轮船招商局，中国历史上出现真正意义上的股票凭证。到20世纪上半叶，随着民族资产阶级的兴起和发展，股份制企业数量不断增加，上海成为股票交易的中心。抗日战争时期，上海已有多家证券交易所。抗日战争胜利后，国民党于1946年5月发布命令，重建上海证券交易所，1946年9月上海证券交易所开业。1949年5月，上海解放，同年6月，上海证券交易所关闭。自此，在中国长达几十年的计划经济时期，从国家的经济到基本生活必需品全都纳入"计划"管理，依靠自由交易的股票失去了生存空间。

中华人民共和国的股票市场始于20世纪80年代初期。1983年，中华人民共和国第一家股份制企业"深圳宝安县联合投资公司"成立。1984年，上海飞乐音响股份有限公司公开发行股票，拉开了中华人民共和国股票公开发行的序幕。1988年，我国建立国债流通市场及80年代中后期开始柜台交易，标志着中华人民共和国证券流通市场开始形成。1987年9月，深圳经济特区证券公司成立，并成为中华人民共和国第一家证券公司。1990年底，经国务院同意，成立了上海证券交易所和深圳证券交易所，极大地推动了中华人民共和国股票市场的发展。

中华人民共和国股票市场的发展历史可以大致分为起步阶段、初始阶段、探索发展阶段、逐步规范发展阶段和逐渐成熟发展阶段。1983~1989年是起步阶段，中华人民共和国股票市场刚刚开始发展，规模小、品种少、范围窄；1990~1992年是初始阶段，在经济体制转轨和股份制改造实践的基础上引入了证券市场；1993~1998年是探索发展阶段，以邓小平南方谈话中大胆实践的思想为指导，抛开意识形态争论，动员各方积极建设股票市场，推动中国股票市场快速发展；1999~2004年是逐步规范发展阶段，以《证券法》为核心的证券法律、法规体系初步形成，股票市场由早期的粗放型扩张向规范型发展转变，各种深层次矛盾和问题亦随着股票市场改革的不断深化而逐渐显现出来（李至斌和刘健，2004）。2005年至今是逐渐成熟发展阶段。中国股票市场2000年以后的发展概况如表2-1所示。

表 2-1   中国股票市场发展概况

年份	股票市价总值/亿元	股票流通市值/亿元	境内上市公司数/家	股票筹资额合计/亿元	股票成交额/亿元
2000	48 091	16 088	1 088	2 103	60 827
2001	43 522	14 463	1 160	1 252	38 305
2002	38 329	12 485	1 224	962	27 990
2003	42 458	13 179	1 287	1 358	32 115
2004	37 056	11 689	1 377	1 511	42 334
2005	32 430	10 631	1 381	1 883	31 665
2006	89 404	25 004	1 434	5 594	90 469
2007	327 140	93 064	1 550	8 680	460 556
2008	121 366	45 214	1 625	3 852	267 113
2009	243 939	151 259	1 718	6 125	535 987
2010	265 423	193 110	2 063	11 972	545 634
2011	214 758	164 921	2 342	5 814	421 645
2012	230 358	181 658	2 494	4 134	314 667
2013	239 077	199 580	2 489	3 869	468 729
2014	372 547	315 624	2 613	7 087	742 385
2015	531 463	417 881	2 827	10 975	2 550 541
2016	507 686	393 402	3 052	20 484	1 273 845

资料来源：中经网统计数据库

1. 起步阶段（1983～1989 年）

1983～1989 年，中华人民共和国股票市场刚刚起步，规模小、品种少、范围窄，但标志着中华人民共和国股票市场迈出了第一步。

（1）发行股票。1983 年，深圳宝安县联合投资公司在深圳首次公开发行股票；1984 年 7 月，北京市天桥百货商场改制为北京天桥百货股份有限公司，并发行 3 年期股票。1984 年 11 月，上海飞乐电声总厂创办上海飞乐音响股份有限公司，并部分公开发行不偿还本金股票；1985 年 1 月，上海延中实业股份有限公司股票全部向社会公开发行。同时，全国其他城市（如沈阳、武汉等）也出现了一些较规范的公开招股的股份制企业。这一时期发行的股票具有债券的特点，其中大部分股票回报率高于银行利率，有固定期限，能到期还款。这表明股票作为金融工具进入传统的计划经济体系时，其作用主要是作为一种筹资手段，而不具备其他功能。据有关统计资料估计，这一时期全国企业通过发行债券募集资金达 100 亿元。

（2）柜台交易。1986 年 9 月，中国工商银行上海市分行信托投资公司静安分公司成立证券营业部，办理股票等证券交易业务，至 1986 年底证券成交额约 68.5 亿元。随后，沈阳、广州、重庆、丹东、宁波等地也相继出现了证券转让市场。柜台交易的出现解决了股票的流动性问题，有利于培养公众的金融意识，也为中国股票市场发展奠定了基础。

（3）市场中介。20 世纪 80 年代初，金融系统恢复办理信托业务并逐步发展。截止到 1986 年，全国约有 100 家信托投资公司。1986 年《中华人民共和国银行管理暂行条例》规定，信托投资公司可以代理企业发行证券，一些银行和信托投资公司开始从事证券发行与转让业务，从事这些业务的专营柜台网点这时也开始出现。（郝继伦，2000）

2. 初始阶段（1990～1992 年）

20 世纪 80 年代，随着中国经济体制改革的深入，资金成为企业发展的瓶颈，如何开辟新的筹资渠道及转换企业经营机制成为改革重点。发展证券市场成为一种新思路，受到政府的关注。1990 年 11 月 26 日，中国人民银行批准上海证券交易所成立，这是中华人民共和国成立的第一家证券交易所，并于同年 12 月 19 日正式开业。1990 年 12 月 1 日，深圳证券交易所试营业，1991 年 7 月 3 日正式开业。

在股票市场建立之初，上市挂牌的股票数量和市场规模非常有限。截至 1992 年底，上海证券交易所上市证券数量仅为 73 种，其中，38 种上市股票，4 种国债，11 种金融债券，20 种企业债券，上市总额为 130.51 亿元，市价总值为 646.75 亿元，登记在册的投资者约为 130 万人。

在 1992 年 10 月国务院证券委员会和中国证券监督管理委员会（以下简称证监会）成立之前，主要以国家经济体制改革委员会和中国人民银行为主监管证券市场，并没有集中统一的监管机构；国务院各部委发布的部门规章组成证券市场的规范性文件，这些部门规章集中规范股份制试点企业的运行和国有资产的管理。

1992 年 8 月，当深圳发售新股认购抽签表时，由于投资者抢购抽签表而出现局面失控，反映出证券市场管理权力分散、管理薄弱等诸多问题。1992 年 10 月，国务院宣布成立国务院证券委员会，其负责对证券市场的宏观管理，制定证券市场发展的有关法规和政策；成立证监会作为国务院证券委员会的执行机构，负责建立和健全证券市场的监管工作制度。

这个阶段股票市场的特点是：①讨论姓"资"、姓"社"的问题，边争论边试点；②股票市场只是区域性市场；③股票市场规模小，对经济运行影响较小；④由于法制建设和监管体制落后，市场出现多次大起大落。

3. 探索发展阶段（1993～1998 年）

1992 年，邓小平南方谈话消除了股票市场姓"资"、姓"社"的争论。此后，中国政府下定决心推进企业股份制改革，更加明确政策方向。1993 年 11 月，中国共产党第十四届三中全会通过《中共中央关于建立社会主义市场经济体制若干问题的决定》，决定指出"规范股票的发行和上市，并逐步扩大规模"，不再将证券市场孤立起来，而是让其融入整个经济改革和开放的大潮中。上市公司不再仅是中小企业，国有大中型企业也可以利用新兴证券市场筹集资本，从而转变机制。1993 年 4 月，国务院发布了《股票发行与交易管理暂行条例》，1994 年 7 月，《中华人民共和国公司法》（以下简称《公司法》）实施，1998 年底，《证券法》通过并于 1999 年 7 月 1 日正式实施，这些条例和法律是事关证券市场发展大局的根本大法，是证券市场规范化的法律依据，为证券市场正常运行奠定了基础。

受政策法规规范化的积极影响，这一时期，中国股票市场的扩张十分迅速，股票发行规模和市场交易量都比前一阶段有了大幅增长。截至 1998 年底，国内上市公司已达 851 家，股票市价总值为 19 505.64 亿元，股票流通市值为 5745.59 亿元，投资者开户数为 3911.13 万户，1996～1998 年连续三年股票成交金额超过 2 万亿元。然而，在这期间股票指数的波动较大。以上海证券人民币普通股票（以下简称 A 股）指数为例，1993 年最高点为 1641 点，最低点为 765 点，相差近 900 点；1994 年最高点为 1093 点，最低点为 321 点，相差 700 多点；1996 年最高点为 1314 点，最低点为 527 点，相差近 800 点。股票价格的大幅波动反映出我国股票市场的发展还很不完善，股票市场的规模相对较小，投机行为较为普遍。

此阶段，股票市场监管体制也发生了巨大变化。1992 年，证监会成立，监管体制上分为两个层次，即中央和地方，但这一体制的弊端逐渐显露出来。1997 年 8 月，国务院首先决定将上海证券交易所和深圳证券交易所划归证监会统一管理；1998 年决定将原属于中国人民银行和国务院证券委员会的证券监管职责全部移交给证监会，取消国务院证券委员会；同时，将各地政府的证券管理办公室划归证监会，作为证监会地方派出机构。至此，集中统一的证券监管体制最终形成，解决了证券市场职能混乱的多头管理问题。

这个阶段的股票市场有以下特点：①股票市场的功能不断完善；②股票市场由区域性市场转变为统一的全国市场；③法制建设步伐加快。国家先后颁布实施了《股票发行与交易管理暂行条例》、《公司法》和《证券法》，证监会制定并实施有关上市公司信息披露规则、上市规则、交易规则与证券发行规则等证券市场运行规则及保护投资者合法权益等诸多方面的部门规章和规范性文件，证券市场的法律制度日渐完善。（李至斌和刘健，2004）

4. 逐步规范发展阶段（1999～2004 年）

《证券法》颁布实施后，监管层根据证券市场的发展趋势，提出"切实保护投资者合法利益""完善上市公司治理，提高上市公司质量""大力发展机构投资者"等一系列发展思路，为证券市场发展指明了方向，标志着证券市场进入了新一轮的发展阶段。这一阶段，股票市场在发展中的一些深层次矛盾和问题不断暴露出来，股票市场面临着更大的挑战。

在这期间，股票市场发生了许多新的变化：①股票发行体制经历了重大改革。《证券法》实施前，中国对股票发行的管理采取审批制，对股票发行规模实行额度分配制度。《证券法》规定，股票发行制度实行核准制，国务院证券监管机构设发行审核委员会，依法审核股票发行申请。②大力发展机构投资者，改善股票市场的投资者结构。投资者机构化是全球化趋势，而我国投资者中个人投资者占较大比例。在此阶段，证券投资基金取得突飞猛进的发展，社会保障基金和保险基金投资证券市场的比例也逐步提高，机构投资者占市场总交易量的比例已经超过 10%。③证券市场和证券服务业开放取得重大突破。④设计和实施一些涉及股票市场的基础建设。完善信息披露制度，引进独立董事，改善上市公司治理结构；建立多层次市场体系，积极准备推出创业板市场（中小企业板市场），以满足不同规模企业的融资需要；设计合理的股份全流通方案，促进国有经济布局的战略性调整；等等。⑤保护投资者合法权益。监管部门多次强调要保护投资者，特别是大多数中小投资者的合法权益，并对违规行为进行调查处理。（李至斌和刘健，2004）

5. 逐渐成熟发展阶段（2005 年至今）

2005 年 4 月 29 日，经国务院批准，证监会颁布了《关于上市公司股权分置改革试点有关问题的通知》，从此拉开中国证券市场解决上市公司"同股不同权，同股不同价"制度性缺陷的大幕。上证综合指数从 2005 年 1000 点左右的低谷攀升到历史新高，达到 6124.04 点，但在之后又出现暴跌。2008 年 10 月底，上证综合指数最低达到 1664.93 点。2008 年 11 月初，国务院决定进一步实施扩大内需、促进经济增长的十项措施及确定应对金融危机的一揽子计划，受市场良好预期的影响，上证综合指数有所上升。这一轮股票市场的发展，将引导中国股票市场逐渐完善并走向成熟。从表 2-2 中可以看出，2005～2007 年沪深股票总市值迅速增长。

表 2-2　沪深股票总市值

时间	沪深股票总市值增长
2005 年 7 月 28 日	沪深股票总市值触底反弹，突破 3 万亿元
2006 年 10 月 27 日	沪深股票总市值突破 6 万亿元

续表

时间	沪深股票总市值增长
2007 年 1 月 10 日	沪深股票总市值突破了 10 万亿元大关，约占国内生产总值（gross domestic product, GDP）的 50%
2007 年 4 月 24 日	沪深股票总市值突破 15 万亿元
2007 年 8 月 3 日	沪深股票总市值超过 20 万亿元，达到 20.36 万亿元
2007 年 8 月 9 日	沪深股票总市值突破 21 万亿元大关，首次超越国内生产总值
2007 年 12 月 28 日	沪深股票总市值达 32.71 万亿元

2.1.2　中国股票市场的波动状况

宏观上，股票市场是国民经济的晴雨表，其走势可以反映国民经济形势，其股票价格波动是国民经济波动的缩影；微观上，股票价格走势反映公司的经营状况、经营效益及治理结构。随着股票市场的产生和发展，人们从未停止对股票价格波动的研究，投资者试图通过分析股票价格波动规律而控制股票市场，政府试图了解股票价格波动而制定合理的政策（彭露森，2006）。表 2-3 中显示了 2000～2015年上证综合指数和深证综合指数的数据。图 2-1 显示了上证综合指数和深证综合指数的变化趋势图。

表 2-3　2000～2015 年上证综合指数和深证综合指数

年份	上证最高综合指数	上证最低综合指数	上证综合指数	深证最高综合指数	深证最低综合指数	深证综合指数
2000	2125.72	1361.21	2073.48	654.37	414.69	635.73
2001	2245.44	1514.86	1645.97	664.85	439.36	475.94
2002	1748.89	1339.20	1357.65	512.38	371.79	388.76
2003	1649.60	1307.40	1497.04	449.42	350.74	378.63
2004	1783.01	1259.43	1266.50	470.55	315.17	315.81
2005	1328.53	998.23	1161.06	333.28	237.18	278.75
2006	2698.90	1161.91	2675.47	552.93	278.99	550.59
2007	6124.04	2541.52	5261.56	1567.74	547.89	1447.02
2008	5522.78	1664.93	1820.81	1584.40	452.33	553.30
2009	3478.01	1844.09	3277.14	1240.64	557.69	1201.34
2010	3306.75	2319.74	2808.08	1412.64	890.24	1290.86
2011	3067.46	2134.02	2199.42	1316.19	828.83	866.65
2012	2478.38	1949.46	2269.13	1020.29	724.97	881.17
2013	2444.80	1849.65	2115.98	1106.27	815.89	1057.67

续表

年份	上证最高综合指数	上证最低综合指数	上证综合指数	深证最高综合指数	深证最低综合指数	深证综合指数
2014	3239.36	1974.38	3234.68	1504.48	1004.93	1415.19
2015	5178.19	2850.71	3539.18	3156.96	1408.99	2308.91

资料来源：中经网统计数据库

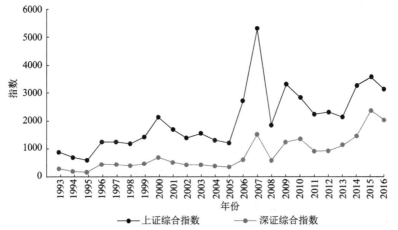

图 2-1　1993～2016 年上证综合指数和深证综合指数

资料来源：中经网统计数据库

　　从图 2-1 可以看出，深证综合指数和上证综合指数有基本相同的趋势。因此，这里选用上证综合指数代表股票价格的变化进行分析。以 1994～2016 年上海证券交易所交易作为观察区间，上证综合指数的波动可分为五个波动周期。

　　第一波动周期始于 1994 年 7 月的 333.92 点，出现了两次波峰，分别为 1033.46 点和 897.42 点，比前一波谷分别上涨了 209.49% 和 63.39%。出现的三次波谷分别为 333.92 点、549.25 点和 516.45 点，除起点波谷 333.92 点外，第二波谷比前一波峰下跌了 46.85%。第三波谷比前一波峰下跌了 42.45%。

　　第二波动周期始于 1996 年 1 月的 516.45 点，出现的两次波峰分别为 1997 年 5 月的 1500.39 点和 1998 年 6 月的 1420.00 点，分别比前一波谷上涨 190.52% 和 36.28%。其中，出现的三次波谷分别为 1996 年 1 月的 516.45 点、1997 年 9 月的 1041.96 点和 1999 年 5 月的 1059.87 点。第二波谷比前一波峰下跌了 30.55%，第三波谷比前一波峰下跌了 25.36%，第三波谷比第二波动周期的起点波谷上涨了 105.22%，比第一波动周期起点波谷上涨了 217.40%。

　　第三波动周期始于 1999 年 5 月的 1059.87 点，出现了两次波峰：1999 年 6 月的 1739.20 点和 2001 点 6 月的 2242.42 点，分别比前一波谷上涨了 64.10% 和

64.09%。出现的两次波谷分别为 1999 年 5 月的 1059.87 点和 1999 年 12 月的 1366.58 点。第二波谷比前一波峰下跌了 21.42%，第二波谷比第三波动周期的起点波谷上涨了 28.94%，比第一波动周期起点波谷上涨了 309.25%。从上证综合指数的波动来看，整体向上的趋势比较明显。（史代敏，2003）

第四波动周期始于 2005 年 6 月，由于股权分置改革的完成，市场预期良好，上证综合指数从 2005 年 6 月的最低点 998.23 点上升到 2007 年 10 月 6124.04 点的最高点，上涨幅度达到 513.49%，但在之后出现暴跌，2008 年 10 月底上证综合指数达到最低点 1664.93 点。

第五波动周期始于 2008 年底，上升到 2009 年 8 月的 3478.01 点再回落到 2013 年 6 月 1849.65 点为止，波长共 46 个月。这一波动周期出现的三次波峰分别为 2009 年 8 月的 3478.01 点、2009 年 11 月的 3361.39 点和 2010 年 11 月的 3186.72 点。出现的三次波谷分别为 2008 年 10 月的 1664.93 点、2012 年 12 月的 1949.46 点和 2013 年 6 月的 1849.65 点。2008 年，受全球金融危机的影响，中国股票市场暴跌，成为自 1990 年上海证券交易所和深圳证券交易所成立以来最惨烈的一年。2008～2015 年，中国上证综合指数一直在 2000 点左右徘徊，直到 2015 年又出现暴涨，突破 5000 点。

2.1.3　中国股票市场的政策

中国股票市场从成立之日起，作为经济改革的产物，受到政府特别关注，其发展过程中都伴随着政府的干预。

从表 2-4 中可以看出，中国政府治理股票市场具有如下特点：①逆市而行。政策干预的目的是调控股票市场，因此，政策干预往往是逆市场而行的，即市场向淡、政策向好，市场向好、政策向淡。②综合运用调控手段。极大地发挥干预的功效。（孙昌群，2003）

表 2-4　中国 1992～2008 年股票市场救市政策

时间	政策	对股票市场的影响
1992 年	邓小平同志南方谈话指出："证券、股市，这些东西究竟好不好，有没有危险，是不是资本主义独有的东西，社会主义能不能用？允许看，但要坚决地试。"（邓小平，1993）从而肯定了股份制和股票市场的试点改革	股票市场受此影响走出强势行情
1994 年 7 月 30 日	证监会宣布"停发新股、允许券商融资、成立中外合资基金"	股票指数飙升，一天上涨了 33.2%
1995 年	5 月 17 日收盘后，证监会宣布在全国范围内暂停国债期货交易试点	股票指数在 3 天内暴涨了 60%
1996 年	国务院证券委员会下发文件要求大规模开展股份制改造，发展证券市场，希望通过募集资金来改造国有大中型企业	一年半之内，股票指数从 512 点涨到 1510.17 点

续表

时间	政策	对股票市场的影响
1999 年	推出改革股票发行体制、保险资金入市、逐步解决证券公司合法融资渠道、允许部分具备条件的证券公司发行融资债券、扩大证券投资基金试点规模、搞活 B 股市场、允许部分 B 股 H 股公司进行回购股票的试点的政策建议	股票市场由此出现"519"井喷行情
1999 年 9 月 8 日	证监会发出《关于法人配售股票有关问题的通知》，首次明确国有企业、国有资产控股企业、上市公司，除可参与配售股票外，还可参与投资二级市场的股票	5 日内成交量和成交额猛增
2001 年 10 月 23 日	证监会宣布暂停国有股减持	沪深股票市场涨幅一度接近 10% 的涨停线
2001 年 11 月 16 日	证券印花税大幅下调，一次即减半到 2‰	当日成交量和成交额猛增
2002 年 6 月 24 日	宣布停止国有股减持	大盘指数当天涨幅接近10%，898 亿元的天量创出了历史最高纪录
2004 年 1 月 30 日	发布《国务院关于推进资本市场改革开放和稳定发展的若干意见》	市场反应并不热烈
2007 年 5 月 30 日	提高印花税率	上证综合指数单日下跌281点
2008 年 9 月 18 日	印花税实行单边（卖方）征收 0.1%；中央汇金投资有限责任公司将通过二级市场增持中国工商银行、中国建设银行、中国银行三大银行的股份。国务院国有资产监督管理委员会（以下简称国资委）主任李荣融首次明确表态：国资委支持中央企业在二级市场回购其控股公司的股份，以稳定市场	上证综合指数 5 日内上涨400 点

注：B 股为人民币特种股票的简称；H 股即注册地在内地、上市地在香港的外资股

从政策手段上来说，直接采取行政手段对股票市场调控，会使股票市场波动较大，不利于股票市场的稳定发展。因此，政府在采取直接的调控措施时，应谨慎使用行政手段，适当地采取经济手段调控市场，如调整利率和银行存款准备金率。

2.2　中国房地产市场发展进程及政策

2.2.1　中国房地产市场的发展进程

1. 中国房地产市场起步阶段（1980～1991 年）

中国房地产市场的发展是改革开放的产物。1980 年，我国开始实施住房商品化试点改革，随后在深圳、广州等试点城市收取城市土地使用费。1984 年，房地产业作为独立行业第一次被正式列出，为中国房地产业的发展创造了良好的环境。

作为一个相对独立的产业部门,房地产业逐渐发展成为国民经济的一个新兴领域。到 1984 年,中国房地产业的发展形成转轨时期的第一个高潮。从总体上看,这一时期房地产业还只是处于起步阶段,房地产交易规模较小,交易价格波动较小。

2. 中国房地产市场探索阶段(1992~1997 年)

1992 年初,邓小平南方谈话后,在中国共产党第十四次全国代表大会上,将市场经济体制确立为社会主义经济体制改革的目标模式,这一政策极大地促进了国民经济的发展。经济的迅速发展刺激了房地产业的发展,特别是针对城市土地使用制度、城市住房制度及房地产投融资体制的深化改革,为房地产业的发展提供了制度基础,极大地推动了房地产业的发展,这一阶段成为我国房地产业发展较快的时期。

这个时期,房地产业迅猛发展。一是开发量迅速增加。1992 年,房地产开发企业投资额为 732 亿元,比 1991 年房地产开发企业投资额增长了 117%;开发土地面积为 2.33 万公顷,比 1991 年开发土地面积增长了 175%;施工商品房面积为 1.9 亿平方米,比 1991 年施工商品房面积增长了 57%;竣工商品房面积为 7145 万平方米,比 1991 年竣工商品房面积增长了 36%。二是房地产交易迅速增长。1992 年全年房屋销售面积达 4300 万平方米,比 1991 年房屋销售面积增长了 40.4%;个人购房占到总量的 36.2%,回笼个人资金 147.6 亿元。1992 年,出让国有土地 3000 幅,共计 2.2 万公顷,财政收入为 500 多亿元,分别为 1991 年以前出让总量的 3 倍和 11 倍。三是开发企业数量急剧增加。1992 年全国开发企业达 12 400 多家,比 1991 年开发企业数量增长了 235%;房地产开发企业经营额达 529 亿元,比 1991 年经营额增长了 87%;房地产开发企业实现的利润较 1991 年利润增长了 140%;房地产开发企业税收增长了 102.4%。(张跃庆,2003)

但是,1992 年和 1993 年房地产投资过大、增长过快,导致高通货膨胀。为了确保国民经济能够持续、稳定、健康地发展,中央通过控制房地产投资规模,调整金融信贷结构,实行财政紧缩政策和金融政策。通过国家宏观调控政策,房地产业从 1993 年下半年开始回落,经济进入调整期。

在这个时期,房地产业的发展主要有以下几个方面:①房地产业发展的区域开始转移。1992 年,房地产业发展区域主要集中在珠江三角洲地区,1993 年以后,房地产发展重心呈现向北移动的趋势,从沿海、沿江、沿边向内陆城市发展的多元化格局。尤其是以上海为龙头的长江中下游地区,以及北京、天津、辽宁等环渤海地区等,成为房地产投资的重要区域。②调整房地产投资结构。由 1992 年外销房地产热逐步转向内销房地产,房地产业发展开始立足于国内市场;由大型别墅热逐步转向商场、写字楼及住宅商品房,特别是居民普通住宅。③土地供应量减少,调整土地利用结构,房地产投资结构趋向合理。④房地产总量增加,但是销售较差。外销商品房上市量逐年增加，但销售率却大幅度递减。根据住房和城乡建设部统计年报，截至 1994 年底，全国累计空置商品房总量达 3289 万平方米，为 3 年竣工量的 9.9%，1995 年上升至 4000 多万平方米。

1996 年，中国经济形势发生了新的变化。国民经济实现软着陆，结束了在计划经济体制下形成的卖方市场，房地产买方市场开始形成。但是，房地产需求不足，市场疲软成为经济发展的阻力。根据国民经济发展的要求，1996 年下半年，中央依据经济社会发展规律，决定扩大内需，解决居民住房问题，并明确提出把住宅产业培育成国民经济新的增长点。在这种形势下，房地产业又开始理性回升。1998 年，全国住房制度改革工作会议决定停止住房实物分配，实行住房分配货币化，这有力地推动了住宅与房地产业的发展。（胡小芳，2004）

3. 中国房地产市场规范发展阶段（1998 年至今）

1998 年，国务院下发的《国务院关于进一步深化城镇住房制度改革加快住房建设的通知》标志着我国实物性、福利性的住宅分配制度结束。随着住房制度改革的推进，房地产业迅猛发展。

从 1998 年开始，中国房地产投资增长率居高不下。尤其是 2000 年后，房地产投资增速平均达到同年国内生产总值增长率的 2～3 倍，中国房地产投资额占国内生产总值总量的比例从 1998 年的 4.5% 攀升至 2003 年的 8.66%。2003 年 8 月，《国务院关于促进房地产市场持续健康发展的通知》（以下简称国务院 18 号文件）中对房地产业做出"国民经济的支柱产业"的明确定位，房地产业对国内生产总值的增长起到举足轻重的作用。同时，房地产价格大幅上涨，有学者认为中国房地产市场上出现了"泡沫"。

2003 年，房地产市场进入宏观调控时期。2003 年 6 月 5 日，针对房地产市场出现的"过热"现象，中国人民银行发布《中国人民银行关于进一步加强房地产信贷业务管理的通知》（银发（2003）121 号）（以下简称中国人民银行 121 号文件），要求进一步落实房地产信贷政策，防范金融风险，促进房地产金融健康发展，中国人民银行 121 号文件成为国家新一轮宏观调控的起点。2004 年，由于房地产业存在大量不规范的行为，政府加大了宏观调控力度。2005 年和 2006 年，政府相继出台了《国务院办公厅关于切实稳定住房价格的通知》（以下简称"旧国八条"）、"新国八条"及"国六条"。这些政策在一定程度上遏制了房地产价格的迅速上涨（胡小芳，2007）。2007 年 8 月 7 日，国务院颁布《国务院关于解决城市低收入家庭住房困难的若干意见》（以下简称 24 号文）。24 号文的核心是解决城市低收入家庭住房困难，加快建立健全以廉租住房制度为重点、多渠道解决城市低收入家庭住房困难的政策体系。在这一系列宏观调控政策的作用下，房地产销售量从 2007 年下半年开始出现下滑，房地产价格也随之下降。2008 年

11 月 10 日，温家宝部署了落实中央政策措施的七项工作，指出要促进房地产市场平稳健康发展。

2.2.2　中国房地产市场的波动状况

1. 房地产开发企业投资额及其增长率

表 2-5 显示了 1993～2016 年中国房地产开发企业投资额及其增长率情况，图 2-2 是房地产开发企业投资额及增长率的趋势图。从图 2-2 可以看出，我国房地产开发企业投资额呈上升趋势。1993 年房地产开发企业投资额为 1937.50 亿元，2016 年房地产开发企业投资额为 102 580.60 亿元。每年的投资额增长率各不相同，其中，1990 年和 1997 年出现负增长，分别为-7.11%和-1.18%；受邓小平南方谈话的影响，1992 年和 1993 年投资额增长率分别为 117.49%和 164.98%，为历年来投资额增长率最高的年份。随着中国金融市场的调整，投资额增长率逐渐下降，并在 1997 年达到最低水平。1998 年，我国取消了长期以来的福利分房制度，标志着我国房地产市场开始形成。该制度促进了我国房地产市场的发展，房地产开发企业投资额增长率由 1998 年的 13.71%，上升到 2003 年的 30.33%。2003 年，中国人民银行 121 号文件成为国家新一轮宏观调控的起点，随后的几年里房地产投资额增长率有所下降。

表 2-5　1993～2016 年中国房地产开发企业投资额及其增长率

年份	房地产开发企业投资额/亿元	房地产开发企业投资额增长率	年份	房地产开发企业投资额/亿元	房地产开发企业投资额增长率
1993	1 937.50	164.98%	2005	15 909.20	20.91%
1994	2 554.10	31.82%	2006	19 422.90	22.09%
1995	3 149.00	23.29%	2007	25 279.70	30.15%
1996	3 216.40	2.14%	2008	31 203.19	23.43%
1997	3 178.40	-1.18%	2009	36 241.81	16.15%
1998	3 614.20	13.71%	2010	48 259.40	33.16%
1999	4 103.20	13.53%	2011	61 796.89	28.05%
2000	4 984.10	21.47%	2012	71 803.79	16.19%
2001	6 344.10	27.29%	2013	86 013.38	19.79%
2002	7 790.90	22.81%	2014	95 035.61	10.49%
2003	10 153.80	30.33%	2015	95 978.85	0.99%
2004	13 158.30	29.59%	2016	102 580.60	6.88%

资料来源：中经网统计数据库

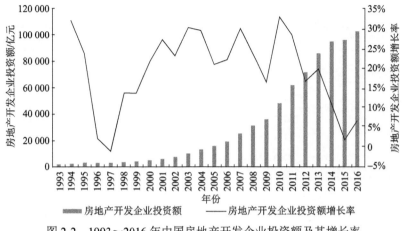

图 2-2　1993～2016 年中国房地产开发企业投资额及其增长率

2. 商品房平均销售价格及其增长率

表 2-6 和图 2-3 显示，商品房平均销售价格整体呈增长趋势。1991 年，全国商品房的平均销售价格为 786 元/米²；2007 年，全国商品房的平均销售价格为 3885 元/米²。其中，大城市商品房的平均销售价格增长率较大，如北京、上海、深圳等。1993 年，全国商品房平均销售价格增长率为 29.75%，增长率最大；2008 年增长率最小，为–2.19%。从图 2-3 可以看出，1992～2007 年，商品房平均销售价格的增长率出现两次较大的波峰，即 1993 年的 29.75% 和 2004 年的 17.76%。2003 年，政府对房地产市场实行宏观调控，商品房平均销售价格增长率稍有回落。2007 年，我国大部分城市的商品房价格都有较大的增长。2008 年，受美国金融危机的影响，我国商品房价格下跌。

表 2-6　1998～2015 年我国房地产开发企业商品房平均销售价格及其增长率

年份	房地产开发企业商品房平均销售价格/（元/米²）	房地产开发企业商品房平均销售价格增长率
1998	2063	3.30%
1999	2053	−0.48%
2000	2112	2.87%
2001	2170	2.75%
2002	2250	3.69%
2003	2359	4.84%
2004	2778	17.76%
2005	3168	14.04%
2006	3367	6.28%
2007	3885	15.38%
2008	3800	−2.19%
2009	4681	23.18%

续表

年份	房地产开发企业商品房平均销售价格/（元/米²）	房地产开发企业商品房平均销售价格增长率
2010	5032	7.50%
2011	5357	6.46%
2012	5791	8.10%
2013	6237	7.70%
2014	6324	1.39%
2015	6793	7.42%

资料来源：中经网统计数据库

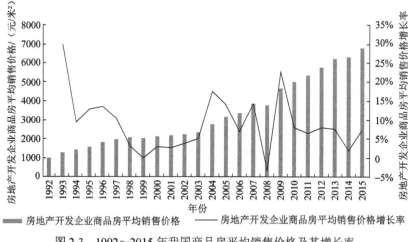

图 2-3　1992～2015 年我国商品房平均销售价格及其增长率

2.2.3　房地产股票价格波动

　　股票市场是反映国家经济的窗口，其股票价格波动是国民经济波动的缩影，有时领先于国民经济的波动。同时，股票价格的趋势与波动可以反映公司的经营状况、经营效益及公司的健康状况，所以，研究房地产上市公司股票价格成为了解房地产市场状况的重要内容。对房地产上市公司来说，研究股票价格可以了解房地产公司的经营状况，这对未来发展趋势也有很大的参考价值。对投资者来说，房地产上市公司股票价格变化关系到投资者对房地产公司的投资信心，并影响其后续的投资行为。而对国家相关政府部门来说，房地产上市公司股票价格的波动可以反映出房地产政策对社会及经济产生的影响，对制定未来的发展政策及规范房地产市场都有良好的参考意义。

　　房地产上市公司作为行业的排头兵，透明程度较高，管理程度也较高，且与资本市场密切相关，因此，受到较多关注。其原因主要有以下几点：一是房地产业跟资本市场的关联越来越密切，这主要是因为房地产开发投资规模大、程序复杂。二是直接、间接的房地产投资逐渐成为各类投资者投资组合的重要内容。房地产上市公司根据上市地点将其分为"沪深上市房地产公司""中国内地在香港上市房地产公司""中国在其他境外市场上市房地产公司"。2005年沪深上市房地产公司总资产均值为26.40亿元，截至2007年底已上升至58.21亿元。2007年，中国内地在香港上市房地产公司总资产均值达236.37亿元，是2005年同期的近3倍。2007年，中国在其他境外市场上市房地产公司总资产均值为35.87亿元，总体规模较小，远低于同期沪深上市房地产公司和中国内地在香港上市房地产公司的平均水平。

房地产股票在整个股票市场中占有重要地位，很多上市公司与房地产业的关系日益密切。房地产业与股票市场的关系在经济中形成了一种特殊现象——股地拉扯，即当经济处于上升阶段时，房地产市场也蓬勃发展，地价、楼价攀升，上市公司的资产市场价值也随着房地产价格的上涨而增加，从而带动上市公司股票价格上涨。上市公司又通过发售新股或将股票按揭募集资金，扩展房地产业务，使得房地产市场更加繁荣，促使经济虚升。而当经济低迷时，房地产市场、股票市场低迷，经济泡沫破灭，从而导致经济陷入低谷。随着越来越多的房地产公司成为上市公司，股地拉扯现象也逐渐扩散，在一定程度上房地产股票板块成为国民经济的晴雨表。可见，研究房地产股票价格走势对稳定国民经济运行具有重要意义。此外，研究房地产股票市场，对于股票投资者和房地产企业来说都具有重要的参考价值。（杨健，2008）

1. **房地产股票价格波动状况**

1）第一波动周期（2000年1月至2005年11月）

从图2-4可以看出，2000年1月起至2005年11月，上证地产指数整体走势为先升后降。从2000年1月开始，上证地产指数从1851.27点一路上升至2001年7月20日的2858.41点，上升了1007.14点，升幅达54.40%。然而，从2001年8月以后，上证地产指数一路下滑至2005年7月18日的675.18点，达到最低水平，降幅达76.38%。其下滑趋势表明，投资者对我国的房地产市场心理期望并不太高。（彭露森，2006）

2）第二波动周期（2006年1月至2008年底）

随着股权分置改革的完成，上证地产指数逐渐攀升至2007年11月的高点8223.61点，相比2005年7月的最低点675.18点上升了7548.43点，升幅达到1117.99%。然而，受美国金融危机和国内房地产市场不景气的影响，2008年上证地产指数一路下滑。

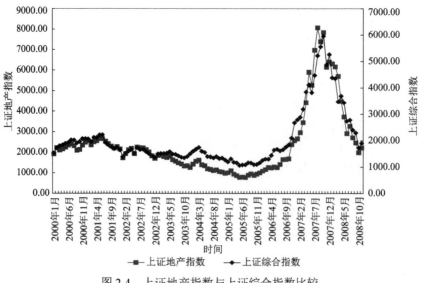

图 2-4　上证地产指数与上证综合指数比较

2. 上证地产指数与上证综合指数相关性分析

房地产业是我国国民经济的重要产业，以上证地产指数为例，从图 2-4 中可以看出，总体上上证地产指数与上证综合指数同步波动，但是，上证地产指数的波动幅度大于上证综合指数的波动幅度。

从表 2-7 和表 2-8 中可以看出，相比上证综合指数波动幅度，上证地产指数波动的幅度较大。2001 年 6 月至 2005 年 7 月为下行区间，上证综合指数降幅为55.54%，而上证地产指数降幅达 76.38%；2005 年 7 月到 2007 年 11 月为上行区间，上证综合指数升幅为 513.49%，而上证地产指数升幅高达 1117.99%。可见，上证地产指数的波动与上证综合指数是同步，且上证地产指数的波动幅度大于上证综合指数的波动幅度。中国上证地产指数的波动一方面与上证综合指数走势相呼应，另一方面也受国家房地产政策的影响。

表 2-7　上证综合指数与上证地产指数的最高点和最低点

时间段	上证综合指数		上证地产指数	
	最高点	最低点	最高点	最低点
2000 年 1 月至 2001 年 12 月	2245.44 （2001 年 6 月）		2858.41 （2001 年 7 月）	
2002 年 1 月至 2005 年 12 月		998.23 （2005 年 6 月）		675.18 （2005 年 7 月）
2006 年 1 月至 2008 年 11 月	6124.04 （2007 年 10 月）		8223.61 （2007 年 11 月）	

表 2-8　上证综合指数与上证地产指数的波动幅度

时间段	上证综合指数	上证地产指数
2001 年 6 月至 2005 年 7 月	−55.54%	−76.38%
2005 年 7 月至 2007 年 11 月	513.49%	1117.99%

2.2.4　中国房地产市场调控政策

自 1998 年我国住房制度改革后，我国房地产市场进入真正意义上的市场化发展阶段。根据房地产价格波动情况，将 1998～2009 年房地产市场分为起步、偏热、过热和转冷四个阶段，政府针对房地产市场的宏观调控政策如表 2-9 所示。

表 2-9　1998～2015 年房地产市场宏观调控政策

时间	房地产市场阶段	房地产市场的政策	政策目的
1998～2001 年	起步	1998 年出台《国务院关于进一步深化城镇住房制度改革加快住房建设的通知》；1999 年出台《住房公积金管理条例》	建立房地产市场
2002～2004 年	偏热	2002 年，国土资源部发布《招标拍卖挂牌出让国有土地使用权规定》，停止土地协议出让方式；2003 年出台中国人民银行 121 号文件，防范房地产信贷风险；2003 年国务院 18 号文件，提出保持房地产业持续健康发展；2004 年出台《国土资源部、监察部关于继续开展经营性土地使用权招标拍卖挂牌出让情况执法监察工作的通知》，继续强调停止土地协议出让方式；2004 年我国第一部经济适用住房管理办法颁布施行；2004 年出台《国务院关于深化改革严格土地管理的决定》，实行最严格的土地管理制度	规范房地产市场
2005～2007 年	过热	2005 年出台"旧国八条"；2005 年出台"新国八条"；2006 年出台"国六条"；2006 年出台《国务院关于加强土地调控有关问题的通知》（国发〔2006〕31 号）；2007 年，二套房首付调整为四成，利率上浮 10%	稳定房地产价格
2008～2009 年	转冷	2009 年出台"国四条"；下调存贷款基准利率、住房公积金贷款利率、人民币存款准备金率、个人住房贷款利率，最低首付款比例调整为 20%，降低住房交易税费	防止经济下滑
2010～2015 年	转暖	2010 年出台"新国十条"；2011 年出台《国务院办公厅关于进一步做好房地产市场调控工作有关问题的通知》；2013 年出台"新国五条"；2013 年十八届三中全会提出发挥市场的作用、转变政府职能、建立城乡统一的建设用地市场、加快房地产税立法、赋予农民更多财产权利、推进农业转移人口市民化、健全符合国情的住房保障和供应体系；2015 年《不动产登记暂行条例》开始实施；2015 年出台《国务院关于进一步做好城镇棚户区和城乡危房改造及配套基础设施建设有关工作的意见》（国发〔2015〕37 号）	促进房地产市场健康发展

表 2-9 显示，政府针对房地产市场的政策主要表现在以下几个方面。

（1）规范房地产市场主体，完善房地产市场。例如，通过招拍挂、公积金管理、银行信贷控制等措施，规范房地产市场中的开发商、银行及地方政府的市场行为，建立公平、公正、透明的房地产交易市场。

（2）调整银行利率和银行存款准备金率。1998～2009 年，我国政府多次运用调整银行利率和银行存款准备金率等货币政策手段调控房地产市场。当市场过热时，提高银行利率和银行存款准备金率，减少房地产投资与消费；当市场偏冷时，降低银行利率和银行存款准备金率，促进房地产投资和消费。这种措施对调整经济有两大优点：第一，运用经济手段调整市场避免过多的行政干预；第二，当房地产市场与股票市场波动一致时，通过调整银行利率和银行存款准备金率可以同时调整房地产市场与股票市场。

（3）完善住房保障制度。2002 年之后，我国房地产价格迅速上升，中低收入家庭的住房成为社会关注的焦点。政府加大对住房保障制度的建设，出台了一系列政策解决中低收入家庭住房问题。

在以上政策中，当政府运用经济手段调控房地产市场时，部分政策会同时影响股票市场。当房地产市场波动与股票市场波动一致时，采取某些政策工具可以同时调控两个市场。当房地产市场波动与股票市场波动相反时，宏观政策在调控一个市场的同时，会导致另一个市场更加偏离正常状态。在这种情况下，政府在运用经济手段调控市场时要注意调控的力度和方向。

通过房地产市场波动、股票市场波动和房地产股票价格波动分析，可得出以下几点结论。

（1）1998 年是房地产市场和股票市场重要的一年。1998 年，国务院颁布《国务院关于进一步深化城镇住房制度改革加快住房建设的通知》标志着我国房地产业正式进入市场化发展阶段。自此，房地产市场需求得到极大地释放，房地产市场逐步繁荣。同时，1998 年《证券法》的出台，标志我国的股票市场步入正轨。

（2）1998～2002 年是我国宏观经济的通货紧缩时期。从宏观经济层面来看，1998～2002 年我国宏观经济处于通货紧缩阶段，即市场上流通的货币量减少，居民购买力下降，进而导致物价下跌。同时，房地产市场经过 20 世纪 90 年代初盲目开发后，在此阶段逐渐恢复，而股票市场仅在 2001 年 6 月出现一次波峰。

（3）2003 年是新一轮宏观调控的起点。2003 年 8 月，国务院 18 号文件明确定位房地产业为"国民经济的支柱产业"。2003 年 6 月 5 日，中国人民银行印发了中国人民银行 121 号文件，要求商业银行进一步落实房地产信贷政策，防范金融风险，促进房地产金融健康发展，中国人民银行 121 号文件成为国家新一轮宏观调控的起点。2003～2007 年底，房地产市场出现持续五年的繁荣期，同时也是宏观调控的密集期。

（4）2006～2008 年房地产市场和股票市场经历了大起大落。2006 年下半年，股权分置改革完成，股票市场出现难得一见的"牛市"，上证综合指数一度上涨至历史最高点 6124.04 点。在此期间，房地产市场和股票市场呈现螺旋式上涨及下跌。当房地产价格和股票价格上涨时，产生了"股地拉扯"；当市场不景气时，房地产市场和股票市场又出现"同跌"，房地产市场和股票市场相互影响。这期间，房地产市场和股票市场表现出较强的关联性。本书主要采用1998~2008年的数据分析房地产市场和股票市场的关联性。

第3章 股票市场与房地产市场关联的理论基础

3.1 政府治理理论

"治理"（governance）来自拉丁文和古希腊语，其原意是控制、引导和操纵。长期以来它与"统治"（government）一词互换使用，主要用于与国家公共事务相关的管理活动和政治活动。1995年，全球治理委员会对治理做了以下权威定义：治理是各种公共的或私人的个人和机构管理其共同事务的多种方式的总和，即协调相互冲突或不同的利益，并采取联合行动的持续过程（王玉婷，2011）。Drechsler（2004）认为，治理是一个中立的概念，侧重于具体政治个体的操作和管理的运行机制，强调政府、市场和社会三方的互动。

政府治理模式，简单地说，是政府行使社会管理职能的手段。政府治理是全方位理性解构政府与市场、政府与社会、政府与公民的责任和角色等，从而建立政府、市场、公民、社会良好合作与良性互动的公共治理整体思维架构。可见，政府治理的关键是处理政府与市场、社会和公民的关系。其具体包括：政府与市场的关系；政府与企业的关系；政府与公民的关系。政府治理的核心是政府是否有足够的管理能力协调好社会各主要方面的问题。

1. 政府与市场的关系

政府是房地产市场和股票市场规则的制定者与参与者。1998年，我国取消了福利分房制度，开启中国房地产的市场化道路。此后，房地产业迅速发展成为我国国民经济的支柱产业。随着房地产市场规模的迅速扩大和房地产价格的迅速上涨，房地产市场出现投资过热、价格过高和宏观调控加强等现象，政府和社会各界越来越关注房地产市场。2003年，一些城市房地产市场出现"过热"的苗头，中国政府采取最严格的房地产调控政策。一方面，房地产市场对中央调控政策非常敏感，社会各界对中央政策密切关注；另一方面，每轮调控之后几乎都伴随着房地产价格的继续上涨，调控政策只能在短期内起到一定作用。如果政府没有及时对高房价问题采取有效的宏观调控，可能严重威胁国家金融安全和社会稳定。

中央政府通过土地供给政策、金融政策和税收政策等经济手段来调控房地产市场。虽然中央政府是政策制定者，但是房地产具有极强的地域性，其政策的执行者是地方政府，地方政府是土地真正的供应者和政策执行者。房地产市场分为公共住房市场和私人住房市场（普通商品房市场），政府根据不同的市场制定不同的调控目标，形成不同的调控方案。政府通过改革土地制度，探索构建城市住宅土地供给的长效机制，完善政府治理制度，加强房地产相关立法等制度建设，努力改善我国房地产市场宏观调控的制度环境，从而提高我国政府对房地产市场的宏观调控水平。

股票市场作为国家金融市场的重要组成部分，其作用主要体现在筹集资金、优化资源配置、分散风险、完善企业治理结构、促进技术进步等方面。20世纪90年代，上海证券交易所和深圳证券交易所的成立对中国市场经济建设具有举足轻重的作用。但股票市场也会存在某些不可避免的消极作用，如股票市场的异常波动会带来严重的后果。对正处于经济改革关键时期的中国来说，股票市场泡沫或崩盘会对实体经济造成严重打击。因此，股票市场作为国民经济的晴雨表，受到中国政府的高度关注。

2. 政府与公民的关系

普通公民对房地产主要有两种需求：一是消费性需求，即由人们的居住需要而形成的住房需求，其需求的主体是公民家庭，这类需求具有广泛性和普遍性。二是投资性需求，即人们购置房地产不是为了直接生产和消费，而是将其作为一种价值储存形式，在合适的时候再出售或出租，以达到保值、增值的目的。房屋再出售是为了获取差价收入，房屋出租是为了获得租金收入，其本质都属于获利性的投资行为。在市场经济条件下，房地产投资性需求由房地产的资产功能引申出来，其产生有必然性。这是因为房地产不仅是价值量大的超耐用品，而且由于土地的稀缺性，房地产具有一定的升值空间。房地产投资相对于其他投资来说，风险较小、收益稳定，因此，房地产是良好的投资产品。

房地产投资性需求的作用有两个方面：一方面，房地产投资性需求是市场经济的滑润剂。房地产投资性需求有利于促进房地产市场繁荣，特别是在供过于求的情况下，投资性购房有利于扩大市场需求，活跃房地产市场，有助于达到供求平衡，这是房地产投资性需求的积极作用。另一方面，房地产投资性需求也会导致负面影响。过度投机可能产生房地产泡沫，造成需求旺盛的假象，加剧供求失衡，甚至出现房地产价格大起大落，尤其在房地产市场供不应求的情况下，短期投机性炒作会抬高房地产价格，不利于房地产市场的稳定发展。因此，对房地产投资性需求的政策选择，政府应把握恰当的度。

股票是公民另一大投资产品。相对于房地产而言，股票价格变化快，股票投资门槛较低，公民更容易出入股票市场。公民在房地产投资和股票投资组合中实现的收益最大、风险最小。在经济快速发展时期，一个市场财富的增加会加剧另一个市场的投资，房地产市场投资和股票市场投资资金呈螺旋式上升。在经济发展平稳期，由于投资组合的分配，一个市场的资金增加会使另一个市场的资金减少。政府通过运用货币政策、税收政策等调控手段，保证房地产市场和股票市场的平稳发展。

3. 政府与企业的关系

房地产开发商是房屋的供给者，开发商先向地方政府购买土地，再委托施工方建造房屋，最后销售房屋给购房者，可见，房地产开发商是房地产市场的重要行为主体之一，在房地产开发过程中起着关键性的作用。

股份公司通过发行股票募集资金，并向出资人发行股份凭证。股票代表其持有者（即股东）对股份公司的所有权，购买股票也是购买企业生意的一部分，即股票可与企业共同成长和发展。这种所有权是一种综合权利，如参加股东大会、参加投票表决、参与公司的重大决策、收取股息或分享红利差价等，但也要共同承担公司经营错误所带来的风险。获取经常性收入是投资者购买股票的重要原因之一，分红派息是股票投资者经常性收入的主要来源。

政府通过制定市场规则，为房地产开发商和股份公司提供健康的市场环境；通过调控房地产市场和股票市场，防止出现市场过热和低迷现象。政府通过制定相关政策，规范企业行为，防止企业垄断、投机倒把、宣传虚假信息等，保证市场的健康发展。

3.2 经济周期理论

3.2.1 经济周期

事物的发展都是不平衡的、起伏的、波浪式的。经济学把这种起伏的、波浪式的发展形式概括为经济周期。经济周期是指经济活动水平有规律的波动，表现为经济扩张、经济收缩，具体包括复苏、繁荣、衰退、萧条四个阶段（李康，1999）（图3-1）。

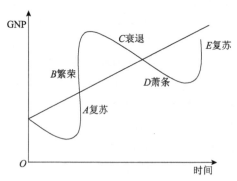

图 3-1　经济周期运行轨迹

GNP 全称为国民生产总值（gross national product）

（1）繁荣。在经济繁荣时期，商品生产量和贸易量增大，居民就业率提高，市场上提供的工作机会增多，商品价格上升，股票价格上涨，企业和消费者借款额增加，利率上升，机器设备和厂房投资增加。繁荣的实质是各行业的发展相互促进并逐渐增强，产生滚雪球效应。生产和贸易扩大，则劳动力需求增加，就业率的提高使工资收入增加，进一步扩大消费品需求，从而刺激生产与贸易继续扩大。

（2）衰退。当经济扩张到一定阶段，制约其发展的各种因素就会显现出来。这些因素在起始阶段并不明显，但再显现时就变得严重起来。在繁荣阶段的后期，经济中的弱点与问题逐渐积累，这反映在企业利润率的下降。随着原材料价格上涨和工资率的上升，劳动生产率有上升的趋势，产出单位成本增加。工资率上升超过劳动生产率的提高，其原因是在经济扩张中有些效率不高的劳动者参加生产，并且为了完成产出任务，把落后的设备也投入使用。同时，信贷需求的增加提高了借款者的利息成本。这些因素都影响了企业的利润率，使企业利润不再上升而转为下降。

（3）萧条。萧条与繁荣时期的情景正好相反。在经济萧条时期，生产量和贸易量减少，失业率上升，居民工作机会减少，商品价格回落，利率降低，而优质债券价格上升，股票价格下跌，企业和消费者对借款的需求下降，投资减少，尤其是企业在机器、设备和新厂房上的投资大幅度下降。生产量和贸易量的缩减减少了企业对劳动力的需求，就业人数减少和工资收入下降对零售贸易产生负面影响，迫使生产进一步缩减；需求减少使原材料的价格和商品的批发价格下跌。最初，零售商品和服务价格的跌落较为缓慢，工资率和长期利率的反应相对较慢。支出的下降会滞后于销售收入的减少，导致利润被进一步压缩，许多企业遭受亏损，致使企业和消费者的投资支出进一步削减。

（4）复苏。如同经济扩张过程一样，在经济收缩过程中，所有的力量似乎都朝一个方向发力。一方面缩减迫使另一方面也缩减，并通过减少支出来影响经济。然而，收缩期正如扩张期一样，变化和积累随后也将给总体方向带来相反的变化。通常情况下，反向变化的最早信号往往发生在股票市场上。股票价格下跌降低了价格收益比，从而使股票再次变得有吸引力，并重新唤起投资者的关注。通过调整股票盈利能力，企业本身得到改善。各类支出趋于合理，企业更加重视其效益，企业结构调整大大降低了管理费。由于原材料成本下降和雇用有经验的工人，制造业厂商的制造成本降低。

企业和消费者逐渐认识到价格已跌落到一定限度，双方可以通过讨价还价的方式成交。同时，由于企业和消费者消费的增加，一些特定行业的经营状况逐步得到改善，在这种环境下，经济复苏开始。随着特定领域的扩张对相关经济活动产生影响，复苏的动力聚集起来。例如，国外采购量的增加或削减成本的新技术运用等。复苏一旦获得了足够的动力，就会产生滚雪球效应，经济活动再一次进入扩张期。

上面四个阶段，在不同时间内和不同强弱程度下重复发生一次，就是一个经济周期。

经济发展的周期性是伴随着经济社会化和工业化出现的经济现象。因为经济发展的周期性对经济运行的影响较大，所以成为经济学研究的重要问题。由于经济周期涉及的范围广，产生的原因复杂，不同的时间、地点、经济环境其表现方式不同。而且，因为各种经济学派研究的重点和分析方法不同，形成了各种不同的周期理论。

从不同角度来划分会形成不同类型的经济周期。从周期波动性质来看，经济周期可以被划分为古典型与增长型两种类型。古典型周期表现为：在经济衰退时期，投资或社会生产往往出现绝对值的下降。古典型周期主要出现在 20 世纪 30年代以前的工业化国家。第二次世界大战以来，世界各国在经济衰退时经济负增长的情况极少出现。例如，1997 年东南亚金融危机中部分国家或地区出现过经济负增长。但从总体上看，这种绝对意义上的下降或负增长次数已经大大减少，古典型周期被增长型周期取代。增长型周期表现为经济总量并无绝对意义上的下降，只有相对意义上的降低，增长率仍然为正值，只不过出现相对较低的水平，经济增长速度有所减缓。这样，经济周期就主要表现为经济增长率上升和下降交替出现。

从持续时间角度来分析，经济周期可以被划分为短周期（基钦周期或存货周期）、中周期（朱格拉周期或投资周期）、中长周期（库兹涅茨周期或建筑周期）、长周期（康德拉季耶夫周期）。由于时间长短不同，各类经济周期存在重叠、交叉等现象，实际经济活动呈现出扩张和收缩两大过程，复苏、繁荣、衰退和萧条四个阶段的周期性波动强弱程度与持续时间也不尽一致。（沈悦和刘洪玉，2004）

3.2.2　房地产周期

1. 房地产周期的概念

房地产周期是指房地产经济的起伏波动、经济现象的周期循环，表现为房地产业在经济运行过程中交替出现扩张与收缩，以及复苏、繁荣、衰退和萧条四个阶段的循环往复。虽然房地产波动在波动幅度、波动频率、持续时间等方面都存在显著差异，但就其在连续运行过程中周期性出现的扩张与收缩、波峰与波谷相继交替的本质特性而言，不同方面的房地产波动又存在共同之处，即不同方面的房地产波动都显示出类似的周期性波动、重复性再现等特点。这种有规律的产业经济波动就形成了房地产周期，反映了房地产经济波动的相似性和规律性，即在房地产运行过程中，房地产经济水平显示扩张与收缩两个过程交替出现，以及复苏、繁荣、衰退和萧条四个阶段循环往复的周期波动，因此，房地产周期也可以被称为房地产周期波动。

　　房地产开发是一个非常复杂的过程,从可行性分析、房屋建设完成到推向市场要经过很多环节,持续时间长,一般建设周期为 2～4 年。建设周期因建设规模的大小而不同,某些大型建设项目可能要经过 5～6 年的时间。因为房地产开发项目建设周期长,产生了房屋供应滞后的现象,即从发现市场需求,到房屋建成满足市场需求需要经过相当长的时间,所以,供应同需求相比,在时间上存在一定的滞后。时间滞后的存在,就可能出现在建设期市场行情的变化或竞争对手的变化使原来的需求发生改变或已被满足,从而造成供应数量与市场真实需求存在差异,导致房屋的供应在时间上总是落后于需求,在供应数量上会出现高于或低于需求的现象。例如,当房屋建设刚开工时,开发商发现市场已近饱和,但前期已投入大量资金,开发商不得不冒房屋空置卖不出去的风险,继续开发建设,这样会出现市场过热。在随后的一段时间内,仍有不少房屋继续推向市场,进一步加速了市场过剩、市场萧条,造成房地产市场危机。房地产市场危机的出现又会使其他准备进入市场的房地产开发商在决策时特别小心、更加悲观,结果会出现市场需求虽已很旺盛,价格已回升,但仍没有房屋推向市场,造成房屋供应数量不足,市场短缺。房地产市场萧条、旺盛现象规律性的出现形成房地产周期。其运作过程如图 3-2 所示。

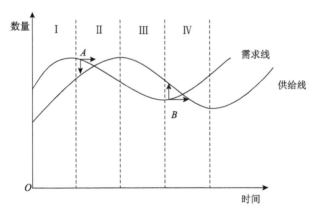

图 3-2　房地产周期

　　图 3-2 中 A 点的横线说明在市场供需平衡时的时间差,竖线说明在相同时间,供需数量的差别。B 点的横、竖线的含义同 A 点,这时虽然要达到供需平衡,供应同样滞后需求一段时间,但 B 点的供应大于需求,同 A 点有很大不同(谢经荣等,2002)。

　　2. 房地产周期与经济周期

　　大多数早期研究建筑周期的学者都探讨了建筑周期和商业周期的关系,他们的研究结果有以下几个共同点：①建筑周期 18～22 年发生一次；②建筑周期的长度是商业周期的数倍；③建筑周期的波动幅度大于商业周期；④建筑周期的下降转折往往领先于商业周期；⑤除了战争期间，建筑周期的复苏阶段滞后于商业周期。

Foldvary（1991）回顾了美国 1818～1990 年的地价波峰、建筑波峰和经济衰退的关系，如表 3-1 所示。

表 3-1　1818～1990 年美国地价波峰、建筑波峰和经济衰退的关系

地价波峰 （年份）	周期长度 /年	建筑波峰 （年份）	周期长度 /年	经济衰退 （年份）	周期长度 /年	滞后期 1 /年	滞后期 2 /年
1818	18						
1836	18	1836		1837	18	1	1
1854	18	1856	20	1857	20	3	1
1872	18	1871	15	1873	16	1	2
1890	18	1892	21	1893	20	3	1
1907	17	1909	17	1918	25	11	9
1925	18	1925	16	1929	11	4	4
1973	48	1972	47	1973	44	0	1
1979	6	1978	6	1980	7	1	2
1989	10	1986	8	1990	10	1	4

注：滞后期 1 是指经济衰退比地价波峰滞后的时间；滞后期 2 是指经济衰退比建筑波峰滞后的时间
资料来源：曲波（2003）；引用时有修改和调整

对房地产周期与经济周期关系的认识主要有两种观点：一种观点认为房地产周期和经济周期是同步的，如在日本等国家；另一种观点认为二者的发生不是同步的，在美国很多研究认为房地产周期领先于经济周期，房地产周期的指示指标为空置率。

3.2.3　股票市场周期

根据宏观经济理论，股票市场与宏观经济有着长期的、稳定的、协调一致的动态关系。经济周期决定着股票市场周期的变化，而股票市场的波动反映经济周期的变动。股票市场作为一个相对独立的市场，受到很多因素的影响，有其自身的运行规律，所以股票市场周期与经济周期并不完全同步，甚至出现背离。（石志恒等，2004）

1. 股票市场周期与经济周期的一致性

股票市场周期与经济周期的一致性：一方面，体现在股票市场是国民经济的晴雨表，股票市场可以提前反映经济周期；另一方面，经济周期的波动决定

股票市场的长期走势。以美国为例，平均而言，股票市场的高峰提前于经济高峰 4 个月，股票市场的低谷提前于经济低谷 5 个月。有学者研究 1900～1980 年美国股票市场周期与经济周期的关系发现，在产业周期中，股票价格变动相比产业景气现象的变动平均提前约 4 个月。在美国 1900～1980 年的 19 次经济衰退中，其中，有 11 次在经济衰退前股票价格就已下降，幅度在 3%～16%；有 2 次股票价格下跌与总体经济衰退同步；其余 6 次在经济衰退时股票价格没有提前反应。从这一期间的 21 次股票价格下跌情况来看，其中，有 11 次提前表现了其后期出现的经济衰退。总之，美国股票市场波动与经济周期存在较为密切的关系，股票价格指数成为经济先行指标的重要组成部分，并成为经济变化趋势的重要预警器（李康，1999）。表 3-2 显示了第二次世界大战后美国股票市场波动与经济波动的时间关系。可以看出，在成熟的股票市场条件下，股票市场周期和经济周期存在较强的一致性。

表 3-2　第二次世界大战后美国股票市场波动与经济波动

股票市场高峰	经济高峰	时差/月	股票市场低谷	经济低谷	时差/月
1948 年 6 月	1948 年 7 月	1	1949 年 6 月	1949 年 10 月	4
1953 年 1 月	1953 年 2 月	1	1953 年 9 月	1954 年 8 月	11
1956 年 7 月	1957 年 2 月	7	1957 年 12 月	1958 年 5 月	5
1959 年 7 月	1960 年 2 月	7	1960 年 10 月	1961 年 2 月	4
1968 年 10 月	1969 年 3 月	5	1970 年 6 月	1970 年 11 月	5
1973 年 1 月	1973 年 3 月	2	1974 年 10 月	1975 年 3 月	5
1979 年 10 月	1980 年 1 月	3	1980 年 3 月	1980 年 7 月	4
1981 年 2 月	1981 年 7 月	5	1982 年 8 月	1982 年 11 月	3
平均提前月数		4	平均提前月数		5

2. 股票市场周期与经济周期相背离

如果股票市场过度反应和股票市场过度投机，股票市场也存在背离实体经济运行的状态。2001 年《新财富》100 强的研究显示，在选取的中国 1030 家上市公司样本中，实际股票价格与基本面股票价格大概一致的上市公司只占样本总数的 19%（共 197 家）；实际股票价格向下脱离基本面股票价格的占 16%（共 160 家）；而实际股票价格向上脱离基本面股票价格的则占 65%（共 673 家）。在一年内最低股票价格高于其基本面股票价格的 673 家上市公司中，最低股票价格高于其基本面股票价格 1 倍以内的公司，占样本总数的 31.46%（324 家）；最低股票价格高于其基本面股票价格 1～2 倍的公司占 9.71%（100 家）；最低股票价格高于其基本面股票价格 2 倍及以上的公司占 13.59%（140 家），另外 10.58%（共 109 家）的公司由于其基本成长率、经常性每股收益均为负，没有给予评价（如果计算其基本面股票价格，其结果为负数）。在最高股票价格低于其基本面股票价格的 160 家上市公司中，最高股票价格低于其基本面股票价格 50%以内的公司占样本总数的 14.27%（147 家）；最高股票价格低于其基本面股票价格 50%以上的公司占 1.26%（13 家）。

股票市场周期与经济周期相背离使股票市场周期与经济周期之间的时滞大大延长。从政策方面分析，股票市场波动经常受货币政策的影响，而货币政策本身存在时滞期较长的特点。特别是在经济低迷时期，企业财务状况普遍较差，难以达到借贷条件，而商业银行又不断强化其企业特征，延缓了货币政策及时发挥政策效力的时间。

图 3-3 中描绘了股票市场周期与经济周期的相互关系。从图 3-3 中可以看出，股票市场周期与经济周期之间的正相关和负相关关系并不是固定不变的，而是交替进行的。

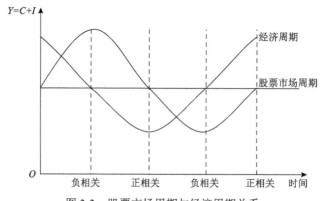

图 3-3　股票市场周期与经济周期关系

3.2.4　房地产周期与股票市场周期的关联

房地产周期和股票市场周期都受到经济周期的影响，同时也在一定程度上影响着经济增长，宏观经济是房地产周期与股票市场周期关联的重要传导中介。房地产业是国民经济的重要支柱产业，有助于带动钢铁、建材及家电、家居用品等产业的发展。一般房地产业会领先于国民经济的发展，并促进关联产业群的快速发展。经济形势又将影响上市公司的业绩，同时，也会改变投资者的投资行为。经济形势好，投资者对前景乐观，就会积极投资；经济形势不好，投资者对前景悲观，就会谨慎投资。通过宏观经济这个传导中介，股票市场与房地产市场呈现一定的关联性。从目前我国市场上来看，房地产周期与经济周期的相关性大于股票市场周期与经济周期的相关性。随着我国股票市场的不断完善和发展，房地产周期与股票市场周期的相关性将会逐渐增强。

3.3 泡沫经济理论

3.3.1 泡沫与泡沫经济

"泡沫"最早用来形容一些特定的事件，如 17 世纪发生在荷兰的"郁金香泡沫"、18 世纪法国出现的"密西西比泡沫"及英国出现的"南海泡沫"等。但对泡沫的概念，学术界至今没有形成统一的经典解释。许多学者从自己的研究对象出发，以不同的角度对泡沫的概念进行了描述和界定。（吴德进等，2007）

根据《新帕尔格雷夫经济学大辞典》，泡沫的定义为："一种或一系列资产在一个连续过程中突然涨价，起初的价格上涨使人们产生了价格进一步上涨的预期，于是又吸引了新的投资者——他们根本不关心资产本身的情况，只想从买卖中赚取差价。然而，随着预期的逆转，最终以价格暴跌并引发危机而告终。"诺贝尔经济学奖得主斯蒂格利茨教授给泡沫经济下的定义为，"如果今天价格上涨的原因是由于投资者相信明天他们会以更高的价格卖出去，而基本要素又不能调整价格，那么就存在着泡沫"。（徐滇庆，2006）

经济学史上最早的泡沫现象可以追溯到 17 世纪在荷兰发生的郁金香泡沫（dutch tulipmania）事件。1636 年 11 月至 1637 年 1 月普通郁金香球茎价格暴涨了25 倍，1637 年 2 月 5 日投机达到最高峰后，价格随即开始暴跌。1719～1720 年发生在法国的密西西比泡沫事件（the Mississippi bubble）中，印度公司的股票从1719 年 10 月的每股 500 里弗尔（livre）上升到 1720 年 1 月的 18 000 里弗尔，1720年 12 月则跌至 1000 里弗尔。与此同时，在英国发生的南海泡沫事件（the South Sea bubble）中，南海公司的股票指数从 1720 年 1 月的 128 点上涨到 7 月 1 日的 950点，于 10 月 14 日跌至 170 点。在泡沫破裂期间，许多投资者纷纷破产，损失惨重。中国经济史上也有类似的事件。1910 年发生在上海的"橡皮股票风潮"事件中，橡皮股票一度超过面值 20 多倍。而 1992～1993 年发生的北海泡沫至今依然可见其影响。如果说以上泡沫案例还只是单种资产的价格暴涨暴跌，那么日本1987～1993 年由土地泡沫与股票泡沫膨胀形成的泡沫经济的"繁荣"和崩溃，则对日本国民经济产生了重大影响。（曹振良等，2003）

3.3.2 泡沫经济形成的原因

1. 泡沫经济产生的前提是资产泡沫

当经济体系中资产泡沫的价格总额超过了实物经济的市场基础价值总额，从而产生价格总额和价值总额的严重背离与非对称时，就会形成泡沫经济。如果用收益还原法模型来检测泡沫，就会发现资产泡沫是很常见的事情，但只有当资产泡沫膨胀到一定程度，才可形成整体的泡沫经济。日本的泡沫经济表明，当实际股票价格超过理论股票价格的 2.5 倍，并且持续较长时间时，便会产生泡沫经济。（曹清为，2007）

2. 支持泡沫经济的主导力量是货币扩张

当货币供应量不变时，一些资产出现泡沫后会使另一些资产价格下降。如果时间足够长，则在某个时间另一些资产的价格将为负，但现实生活中这是不可能发生的。为了维持其他资产价格的稳定，就会产生货币需求的压力，致使货币供应扩张。货币扩张可以通过增加货币发行量、放宽信贷条件（如降低利率、以账外资产作抵押担保等）、发生游资或外来投机资本涌入等方式实现。从这个意义上讲，泡沫经济是一种特殊的通货膨胀，它一般不表现为物价水平的普遍上涨，而是股票价格、土地价格等少数几种资产价格的暴涨，因此，也有人称之为"资产型通货膨胀"，简称资产通胀。表 3-3 列出了日本泡沫经济前后的历年货币供应量。从表 3-3 中可以看出，高达两位数的货币供应量增长率支撑了高股票价格与高土地价格。（曹清为，2007）

表 3-3　1984～1994 年日本的货币供应量增长率与其他指标的关系

年份	货币供应量增长率（1）	消费物价增长率（2）	地价增长率（3）	股票价格增长率（4）	实际 GNP 增长率（5）	$\frac{(1)}{(5)}$
1984	7.8	2.2	3.2	26.1	4.5	1.73
1985	8.7	1.9	2.8	22.1	4.8	1.81
1986	8.6	0.0	2.8	32.7	2.9	2.97
1987	11.2	0.9	5.4	48.3	4.9	2.29
1988	10.8	0.8	10.0	8.7	6.0	1.80
1989	10.3	2.9	7.6	20.4	4.5	2.29
1990	10.2	3.3	14.1	−15.2	5.1	2.00
1991	2.6	2.8	10.4	−15.2	3.6	0.72
1992	0.1	1.6	−1.8	−26.2	0.6	0.17
1993	1.5	11.2	−5.5	12.2	−0.4	−3.75
1994	2.5	0.4	−4.6	—	0.5	5.00

资料来源：《经济白书》（1995 年）第 58、62、65 页；《国际比较统计（1994）》第 76 页；《经济统计年报》（日本银行调查统计局）各期

3. 大量的经济主体群体投机行为促使泡沫演化为泡沫经济

正如资产泡沫的膨胀需要有新投资者的不断参与，泡沫经济的形成也需要大规模的持续的群体投机来支撑泡沫的膨胀与蔓延。1987 年，日本大约有五分之一的国民加入了股票市场投机，使得股票价格飙升，许多企业再利用高股票价格条

件下筹集的低成本资金投入股票市场与房地产市场，从而使股票价格、土地价格一起暴涨。1989 年 12 月 29 日，日本经济平均指数达到最高的 38 957.44 点，当投机者丧失了投机欲望，泡沫便会开始破裂，泡沫经济也将出现崩溃。（曹振良和高晓慧，2002）

3.3.3　股票、房地产与泡沫经济

泡沫经济的载体包括某些商品，如债券、股票、房地产、艺术品、钱币、邮票、古董等。泡沫经济的载体有以下三个特点：第一，供求关系不容易达到平衡；第二，易于识别，交易成本较低；第三，容量大，足以冲击金融市场。股票和房地产交易的价值相对较高，交易手段较规范，交易场所相对集中，交易成本相对较低，因此，股票和房地产很容易成为泡沫经济的主要载体。（徐滇庆，2006）

房地产泡沫经济是以房地产为载体的泡沫经济，是最常见的一种泡沫经济。房地产泡沫经济是在房地产投机的带动下，房地产价格飙升到远远脱离其内在价值，而其中隐藏着房地产价格狂跌、市场崩溃的风险，进而可能引发经济萧条甚至经济危机，这种价格的飙升是房地产市场上虚假繁荣的表现。从长期来看，由于土地资源是有限的，房地产商品的供给具有刚性。在市场的供需关系中，本来应由供给和需求共同决定的价格，因为刚性的供给导致其最终由需求方来决定。因此，只要房地产需求增加，则必然引起房地产价格上涨。房地产需求中既有消费性需求，又有投资性需求，甚至投机性需求，人们对房地产的长期预期也是上升的。如果在某个节点上，股票等其他资产效益不好，而大多数人追捧房地产，在消费性需求固定和投资性需求暴增的情况下，商品房又不可能在短期内增加，房地产价格就会上涨。本来在房地产价格上升时，应当会抑制一定需求，但是有投资性及投机性需求的存在，价格的上升使得房地产增值，投资者和投机者获利，促使他们进一步看好市场预期，从而吸引更多的资金进入房地产市场，需求进一步上升，价格继续上涨，然后房地产价格进入下一个节节攀升的循环当中。在房地产市场泡沫经济中，投资或投机导致奇怪的市场现象出现。

股票市场泡沫经济的原理与房地产类似。在股票市场上，股票价格在很大程度上取决于买者和卖者对未来价格的预期。而且，这种预期有一种自我维持或自我实现的性质，即当一种股票价格越上涨，就有越多的人进入这个市场，而更多的购买又会使股票价格继续上涨，预期进一步增强。因此，只要有足够的人入市购买，在充足的货币流支撑下，很快就会出现使股票市场价格飙升的"牛市"。但是经济泡沫终将会破灭，一旦股票价格止升回跌，很快又会出现股票市场下滑的现象，导致市场崩溃。股票价格的波动会引起企业的景气循环，土地价格的波

动甚至波及各个部门，最后影响居民的生存。因此，股票价格、土地价格的膨胀对国民经济有很大的影响，是形成泡沫经济的两个主要因素。当股票价格、土地价格泡沫持续扩张，使得股票价格与土地价格总额超过实体经济所决定的资产价格总额时，就形成了影响整个国民经济的泡沫经济。（吴莲，2007）

　　房地产市场与股票市场都容易滋生泡沫，二者具有一定的关联性，而且房地产泡沫的破灭往往伴随着股票市场泡沫的产生。20 世纪 70 年代，日本开始实行金融自由化政策，其目的是推进金融改革和摆脱 1973 年第一次石油危机造成的影响。1985 年，在广场协议导致市场利率急剧下降的背景下，日本东京证券交易所指数迅速上升，从 1985 年的 10 000 点一直上升到 1989 年的 38 916 点。在超低利率刺激下，日本六大城市土地价格在 1985～1989 年每年上涨两位数，1987 年，住宅用地价格竟上涨了 30.7%，商业用地价格上涨了 46.8%。土地价格的急剧上升造成土地担保价值上升，因此，土地所有者从金融机构借到更多的钱，并以此为本金再去购买其他土地，出现金融支持过度现象。1990 年初，日本银行实行紧缩的货币政策，提高贷款利率，导致东京证券交易所指数在 1990 年 10 月迅速下降至 20 222 点，房地产价格下降了 70%以上。至此，日本泡沫经济彻底破灭。（周京奎，2006）

　　从表 3-4 中可以看出，日本发生泡沫经济期间，土地资产占国民总资产比例高达 34.1%，金融资产占国民总资产比例高达 55.1%；表 3-5 中显示，在泡沫经济期间，土地价格增额和股票增值较大，而且土价总额与 GNP 的比值高达 5.37。（曹振良和高晓慧，2002）这说明土地和股票是日本泡沫经济的重要载体。

表 3-4　1973～1993 年日本的国民总资产概况

年份	总额/十亿日元	与名义国内生产总值之比	结构比		
			实物资产（除土地等）	土地等	金融资产
1973	1 178 669.4	10.10	20.6%	32.0%	47.4%
1974	1 300 866.1	9.40	23.4%	29.1%	47.5%
1975	1 438 747.2	9.44	23.1%	28.1%	48.7%
1976	1 627 971.3	9.50	23.3%	26.6%	50.1%
1977	1 782 046.3	9.37	23.2%	26.0%	50.8%
1978	2 031 634.5	9.74	22.4%	25.9%	51.7%
1979	2 335 724.1	10.37	22.7%	27.0%	50.3%
1980	2 642 541.8	10.76	22.4%	28.2%	49.4%
1981	2 918 827.0	11.19	21.6%	28.9%	49.5%
1982	3 131 249.8	11.46	21.3%	28.7%	50.0%
1983	3 357 497.9	11.77	20.5%	27.8%	51.6%
1984	3 617 688.2	11.86	20.1%	26.9%	53.1%

续表

年份	总额/十亿日元	与名义国内生产总值之比	结构比		
			实物资产（除土地等）	土地等	金融资产
1985	3 935 905.1	12.14	19.2%	26.6%	54.2%
1986	45 360 273.0	13.41	17.1%	28.8%	54.1%
1987	5 340 773.0	15.09	15.4%	32.2%	52.4%
1988	5 990 609.1	15.89	14.6%	31.5%	53.9%
1989	6 871 158.0	17.08	14.0%	32.1%	53.9%
1990	7 153 176.5	16.84	14.7%	34.1%	51.2%
1991	7 184 191.7	15.91	16.4%	30.6%	53.0%
1992	6 926 577.1	14.96	17.9%	28.4%	53.7%
1993	6 981 272.2	14.98	17.5%	27.4%	55.1%

注：土地等含土地、森林、地下资源、渔场；本表的数据未经修约，可能存在比例合计不等于100%的情况

表 3-5　日本的资产膨胀规模

年份	土价总额（A）	土价增额（B）	土价增长率（C）	股票总值（D）	股票增值（E）	股票增长率（F）	资产增值（$B+E$）	GNP	$\dfrac{A}{GNP}$
1984	928.6	—	—	203.3				305.7	3.04
1985	1004.7	76.1	8.17	241.9	38.6	19.0	114.7	315.3	3.19
1986	1257.2	525.5	25.13	374.7	132.8	54.9	658.3	339.6	3.70
1987	1672.7	415.5	33.04	472.9	98.2	26.2	513.7	356.2	4.70
1988	1839.4	166.7	9.96	669.0	196.1	41.5	362.8	379.2	4.85
1989	2135.0	313.6	17.05	889.9	220.9	33.02	534.5	405.8	5.26
1990	2338.2	185.2	8.60	594.5	−295.4	−33.2	−110.2	435.2	5.37

资料来源：薛敬孝，《日本泡沫经济分析》，《日本经济研究论文集Ⅰ》，南开大学出版社，1996 年；引用时有修改

3.4　投资组合理论

3.4.1　投资分散化与风险

在实际生活中，人们经常有意识或无意识地使用投资分散化的原理配置资产，如将个人积蓄的一部分存在银行，一部分购买股票、债券，一部分购买保险，一部分买房等。运用投资分散化原理配置资产有助于降低投资组合的风险。证券投资机构也是如此，汇聚众多的私人资金以后，投资多种股票或债券，通过投资组合尽可能减少风险。

投资组合的风险分为系统风险和非系统风险。非系统风险是指通过增加持有资产种类数量就可以相互抵消的风险。经验数据表明，如果持有的资产种类数超过 20 种，投资组合的非系统风险就几乎完全抵消。显然，可以相互抵消的风险是各资产自身的原因引起的。系统风险则是无法通过增加持有资产的种类数量而消除的风险。例如，经济衰退的预期可能导致所有股票的价格下跌。这时，整个投资组合将贬值，投资收益率必然下降。

投资组合中的系统风险与非系统风险可以用图 3-4 表示。

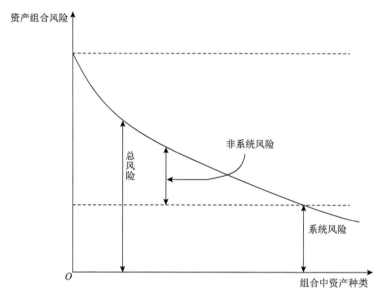

图 3-4　系统风险和非系统风险与组合中资产种类数量的关系

从图 3-4 中可以看出，随着组合中资产种类数量的增加，非系统风险几乎完全抵消，只存在系统风险。因此，人们希望在不影响投资收益的情况下，通过分散投资，消除非系统风险，从而降低整体风险。

3.4.2　有效投资组合

传统的投资理念认为，不要把所有的鸡蛋放在一个篮子里，此为规避风险的好办法。金融基本原理认为，风险总是与收益相匹配：预期高收益必冒高风险；追求低风险则只能预期低收益。马科维茨的投资组合理论在这方面得到了进一步发展，即效益边界（efficient frontier）理念。这个理念认为任何一个资产组合均存在有效与无效之分。在一个相同的风险度上，可能存在很多组合，其中只有一个收益率是最高的，因而是有效的。因此，有效投资组合是相同风险下应该取得最高收益的投资组合。

　　按照投资组合理论,有效投资组合是风险相同但预期收益率最高的投资组合,在投资组合曲线上叫作效益边界的线段,如图 3-5 所示的 AC 线段。

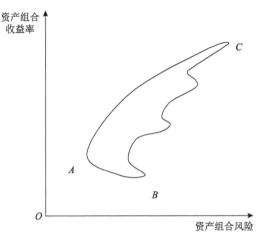

图 3-5　投资组合曲线与效益边界

　　如果投资者选择 n 类资产进行投资组合,其中任意一种组合都可以形成特定的组合收益与组合风险。如图 3-5 中所示,任何在 BAC 区域内的点都表示在 n 类资产范围内进行投资组合的风险和收益的关系。在 BAC 区域中,当组合风险与组合收益的交点落在 AC 线段上时,这才是有效的组合。有效投资组合是在同等风险上收益率最高的组合,无效的投资组合则没有这样的组合效果。

3.4.3　最佳投资组合

　　效益边界表现了理性投资者在相同风险下可选择的投资收益最高的投资组合的区域。然而,效益边界并不是一个确定的点,而是一个有效区间,即 AC 线段。这一原理所显示的是一组可选的有效资产组合,而最后选择哪一个点则由投资人的偏好所决定。

　　不同投资人的风险承受能力不同。有些投资者风险承受能力低,最佳资产组合在效益边界较低的一边;有些投资者具有冒险精神,则最好的点在效益边界较高的一边,其理念就不是以低风险获得低收入。

　　投资组合理论运用于个人及机构的投资管理中,是现代金融理论中的重要理论之一。投资组合对利率、通货膨胀、市场价格及各类风险具有较高的敏感度,同时,对于经济增长和经济稳定等问题,投资组合具有重要的意义。因此,投资组合的作用在微观经营活动和宏观调控中都值得被关注。(黄达,2003)

3.4.4　房地产和股票两种风险资产的投资组合

作为投资工具，房地产投资与股票投资具有密切的联系，两者既存在相似的地方同时又各有特点。从收益来看房地产投资和股票投资，股票的股息收入与房地产的租金收入性质类似。通过购买股票，股票投资者成为股东，股息可被视为股票投资的收益。而在房地产市场中，房东出租房屋后，就可以收取租金。从风险来看两者，股票发行公司有可能因效益不好而停止发放股息，房东也会因为无人租房而失去租金收入，股东与房东都要承受市场波动所带来的投资风险。所以，股票投资和房地产投资存在相同之处，但两者在对价格（租金）变动的敏感性、套现能力及抵御通货膨胀的能力等方面又存在许多差异。（张红，1999）

马科维茨的投资组合理论认为，对投资者来说，最优投资组合是在给定的方差水平上具有最高的收益率，或者在给定的收益水平上具有最小的方差。理性的投资者不会投资一种资产，而是依据收益率与风险来确定投资组合。当房地产投资回报率高于股票市场的投资回报率时，投资者就会将部分资金转向房地产投资，这样就会使房地产价格迅速上涨；相反，股票价格就会迅速上涨。当房地产价格等外在冲击因素上涨时，其对股票价格波动同时具有正面和负面的影响，但最终应根据实际状况来确定股票价格变动的趋势，这使得房地产市场与股票市场之间出现复杂的关系。（周京奎，2006）

美国专家分析了房地产投资回报率与其他资本市场投资的关系，结果发现，房地产投资回报率处于五种投资机会之间，即低于小公司股票和普通股票，高于公司债券、政府长期债券及短期债券。虽然房地产投资回报率远远低于股票投资的回报率，但是投资房地产的风险却远远低于股票的投资风险。研究还发现，房地产与股票之间的关联性很小，这表明在两者之间投资能很好地分散风险。大公司股票与小公司股票的相关系数达到 0.79，表明这两者的组合不是较好的投资组合。同样，中国学者的研究结果显示房地产投资回报率接近于股票投资回报率，而房地产投资风险却低于股票投资风险。因此，房地产与股票的不同投资组合可以降低投资组合的总风险，并且可以提高投资组合的总回报率。从 1995 年开始，德国的法兰克福大学[①]和曼海姆大学的教授开展房地产指数在投资组合中的应用研究，发现房地产收益率与股票收益率之间的相关系数只有–0.07，表明两者之间的相关性很小。因此，投资房地产和股票能分散投资风险。房地产收益指数与基金指数的相关系数为–0.48，说明房地产收益指数与基金指数呈负相关，两者可投资互补以降低投资组合风险。（曲卫东和延扬帆，2007）

通过房地产投资和股票投资组合可以分散投资风险，而且两者投资组合的

---

① 德国的法兰克福大学全称为约翰·沃尔夫冈·歌德·美茵河畔法兰克福大学。

风险较适度，投资效果较理想，理性的投资者会合理分配这两个市场之间的投资份额。

3.5　财富效应理论

所谓的财富效应，在经济学中最早是庇古效应，即庇古（Pigou）提出的实际余额效应，其是指因价格总水平变化引起人们手中所持有的货币实际购买力发生变化，从而使消费水平和总需求发生变化。此后，弗里德曼（Friedman）和莫迪利亚尼（Modigliani）等在现代消费函数理论中，提出了关于消费的持久收入假说和生命周期假说，研究财富对消费的影响。

根据《新帕尔格雷夫经济学大辞典》的解释，财富效应（the wealth effect）是指"货币余额的变化，假如其他条件相同，将会引起消费者开支方面的变动。这样的财富效应常被称作庇古效应或实际余额效应"，可以把财富效应概括为：财富效应是指资产持有人的资产价值变动导致其拥有的财富量变动，产生刺激或抑制消费的需求，进而影响经济增长的效应。英国和美国的中央银行在制定本国财政政策和货币政策时，通常会参考财富效应。

消费函数理论是分析财富效应的理论基础。通过分析消费函数，可以避免定量分析不足的缺陷，探寻如何通过消费渠道作用于经济增长的一般机理。

3.5.1　持久收入假说

弗里德曼（Friedman, 1957）提出持久收入假说（permanent income hypothesis, PIH），他把消费与持久的、长期的收入联系在一起。持久收入假说理论认为在某一时期消费者的收入等于短期性收入加长期性收入，消费在某一时期等于短期性消费加长期性消费。其中，该理论认为短期性消费与长期性消费之间不存在固定比率，且与短期性收入无确定的比率关系，但是长期性收入与长期性消费之间存在固定比率。消费函数的基本形式是

$$C = c\mathrm{Yp} = c\theta Y + c(1-\theta)Y_{-1}, \quad (0<\theta<1) \tag{3-1}$$

其中，Y 为当年收入。Y_{-1} 为上年收入。θ 为收入增量中的长期性收入（用 Yp 表示）所占的比率，θ 与长期性收入预期最为相关，当收入变化是长期的，则在消费者收入发生变化时，他们认为这种变化一般是持久的，θ 值较高；反之，则 θ 值较低。θ 的变化将影响边际消费倾向（marginal propensity to consume，MPC）（消费函数式中用 c 表示）的变化，即消费信心的变化。

3.5.2　生命周期假说

Modigliani 和 Cao（2004）等提出生命周期假说（life-cycle hypothesis，LCH），他们认为消费者是理性的，消费者会在更长的时间范围内规划他们的消费和储蓄行为，以便在整个生命周期内达到消费的最佳配置。其消费函数的基本形式是

$$C = a\mathrm{WR} + b\mathrm{YL} \tag{3-2}$$

其中，a 为财富水平的边际消费倾向；b 为劳动收入的边际消费倾向；YL 为劳动收入；WR 为财富水平（包括股票、房地产、债券及储蓄等），储蓄 Sr、股票 St 和房地产 Ho 是 WR 的主要组成部分。得到以下公式：

$$\mathrm{WR} = \mathrm{Sr} + \mathrm{St} + \mathrm{Ho} \tag{3-3}$$

具有前瞻性的消费者将根据终身的财富值来安排现期消费，通过储蓄平滑各期消费，以备购买耐用消费品。

3.5.3　LC-PIH 模型

霍尔和费莱文（Hall，1978；Flavin，1981）探讨了理性预期理论、生命周期假说理论及持久收入假说理论的综合性内涵。其研究成果构成了 LC-PIH（life cycle-permanent income hypothesis，生命周期-持久收入假说）模型，由于持久收入假说理论强调未来预期，生命周期假说理论强调财富和人口统计变量，LC-PIH 模型将两者结合起来，把财富作为总消费中最重要的决定因素。其简化公式如下：

$$C = a\mathrm{WR} + bc\mathrm{YD} + b(1-c)\mathrm{YD}_{-1} \tag{3-4}$$

其中，YD 为当年可支配劳动收入；YD_{-1} 为上一年可支配劳动收入；其他变量 WR、a、b、c 与上述消费函数式（3-1）和式（3-2）中所代表的意思相同（刘建江等，2005）。本节以 LC-PIH 模型来解释房地产财富效应。

3.5.4　房地产财富效应

房地产财富效应是指房地产价格上涨（下跌），使得房地产所有者财富增加（减少），房地产所有者的投资组合价值增加（减少），进而增加（减少）其消费，从而影响短期 MPC，并促进（抑制）经济增长的效应。在预期收入增加和预期价格上涨的影响下，房地产财富的上升推动了房地产消费和投资的增长。

为了说明房地产财富效应原理，本节以 LC-PIH 模型为例来进行解释。设：

$$Y = \mathrm{AD} = C + I + G + \mathrm{NX} \tag{3-5}$$

假设 $G=0$，$NX=0$，除 Ho（房地产）以外，家庭财富均不发生变动。当房地产市场持续繁荣时，消费函数式（3-4）变为消费函数式（3-6），即 WR 增加 ΔHo，c 增加 Δc，也就是说消费者信心增强，边际消费倾向增大，这些方面的共同作用进一步扩大了消费支出 C，使得产出增大，促进了经济与房地产发展的良性循环。

$$C = a(WR + \Delta Ho) + b(c + \Delta c)YD + b[1 - (c + \Delta c)]YD_{-1} \tag{3-6}$$

图 3-6 显示了房地产通过消费作用于经济的原理。原消费函数式（3-4）决定的曲线为 C_0，消费函数式（3-6）决定的曲线为 C_1，在图 3-6 中用虚线表示，C_1 比原消费曲线 C_0 更陡，其原因是当边际消费倾向扩大时，投资乘数也随之扩大。当未增加投资 I 时，由于消费扩张，均衡总收入由 Y_0 移至 Y_1。设新增投资为 I，则新增投资 I 后的原总支出线为 C_0+I，受房地产影响后的总支出线为 C_1+I，这时均衡总收入增量为 $Y_3 - Y_2$，此为房地产财富效应对经济增长的贡献。

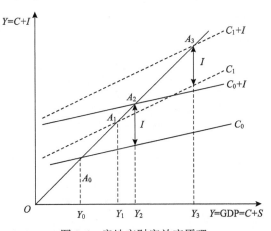

图 3-6　房地产财富效应原理

式（3-6）显示，房地产规模、经济系统边际消费倾向的大小和房地产价格变动对消费信心的影响程度等因素决定了房地产财富效应的大小。

当房地产缩水时，负的财富效应将减少人们的持久收入。同时，由于消费者对未来经济发展的不确定性预期增加，他们将大幅减少消费支出，这会导致经济萎缩。如果在信用体系发达的国家，当住房消费信贷比例较大时，经济萎缩将更加严重。

根据 LC-PIH 模型，基于消费函数理论分析，当房地产价格持续下跌时，消费函数式（3-4）则改变为消费函数式（3-7）：

$$C = a(WR - \Delta Ho) + b(c - \Delta c)YD + b[1 - (c - \Delta c)]YD_{-1} \tag{3-7}$$

式（3-7）中，在原基础上，WR 减去 ΔHo，c 减去 Δc，意味着消费者信心减弱，边际消费倾向相对减小，几方面的共同作用，进一步缩减消费支出 C，则产出减少，使得经济与房地产相互作用形成恶性循环。20 世纪 90 年代，日本经济就是这样的例子。（刘建江等，2005）

3.5.5 股票市场财富效应

由于经济的发展和金融资产的扩张，股票价格上涨使其持有者财富拥有量增加，刺激消费增长，并推动经济增长，这种效应被称为财富效应。其作用机理（正向财富效应）可用图 3-7 表述。

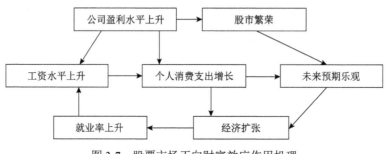

图 3-7 股票市场正向财富效应作用机理
资料来源：李晓慧（2001）

传统经济学理论认为股票价格的变化主要通过两个方面传导给消费需求和经济增长。一是通过对居民资产财富的影响刺激消费。股票价格的持续上涨，使得投资者拥有的虚拟财富增加，促进投资者增加其消费支出。二是通过对消费者的预期影响间接地刺激消费。股票市场是宏观经济的先行指标，不管是持有股票的家庭还是没能持有股票的家庭，从股票价格变动中他们都可以获得未来经济走势的一些信息。股票价格上涨给投资者带来良好的预期，这时人们判断未来宏观经济会变得更好，他们对未来就业机会和劳动收入持有乐观的预期，从而增加消费支出。（段军山，2005）

3.5.6 财富效应下的房地产与股票市场关联

在金融市场和房地产市场迅速发展的背景下，股票和房地产成为当前最为重要的两种财富类型。其原因如下：一是股票和房地产这两种财富占家庭总财富的比重逐渐增长；二是股票和房地产成为影响消费者行为的重要财富类型。在国际市场上，近年来，西方国家股票市场的波动较大，对其消费水平产生的影响较明显。尽管中国股票市场和房地产市场存在一定的缺陷与不足，但是作为消费者的资产，股票和房地产变得越来越重要。分析股票市场和房地产市场的财富效应对有效利用财富效应，并保持股票市场、房地产市场和经济的健康发展具有重要意义。

国际货币基金组织做了关于不同类型的财富在不同国家对消费影响的专项研究。该研究选择了 16 个发达国家，以 1970～2000 年的数据作为样本，采用传统的消费函数，通过研究股票和房地产两种财富类型来分析消费行为在时间上的变化，以及消费者行为在不同金融系统之间的差异（实证结果见表 3-6）。

表 3-6　股票与房地产资产价格上涨对消费支出总额的影响

	股票财富的边际消费倾向（美分/每美元）		房地产财富的边际消费倾向（美分/每美元）		调整速度（消费调整的平均时滞年度）/年	
	1970～2000	1984～2000	1970～2000	1984～2000	1970～2000	1984～2000
市场主导型国家	3	4.3	2.7	7	4.2	6.3
银行主导型国家	−0.2	0.9	4.5	4.3	9.1	2.2
所有样本国家	0.9	2	2.8	5.3	6.7	4.8

资料来源：张耀和邝小燕（2004）；引用时有调整

研究表明，房地产财富对消费支出有显著影响，其影响大于股票财富，而且相对稳定。房地产财富效应呈上升趋势，其财富效应的时滞明显缩短。（邬丽萍，2006）

通过本章的分析，由此可以看出以下几点。

（1）根据经济周期理论和泡沫经济理论，房地产市场和股票市场在一定程度上会相互影响。20 世纪 80 年代末 90 年代初的日本及美国次贷危机中，股票价格、土地价格的大幅下跌在整个社会中产生了一定的恐慌，国民经济受到很大影响。在经济的衰退过程中，股票市场和房地产市场仍然相互作用，导致金融危机进一步恶化。因此，政府应根据经济周期理论和泡沫经济理论进行宏观调控，当经济复苏时，政府利用股票市场和房地产市场的关联性促进经济发展；当经济危机时，政府利用两个市场的关联性，防止股票市场和房地产市场相互促进破坏实体经济。

（2）根据投资组合理论，投资者确定合适的投资组合。房地产市场与股票市场存在一定的关联性，因此，投资者在投资过程中应根据风险和收益调整投资组合中两种资产的比重。资产比重的调整应根据资产的价格变动而改变；反过来，这种调整也会导致资产价格的变动。

（3）根据财富效用理论，政府可以有效地刺激或抑制消费的增长。房地产价格和股票价格上涨会促进消费者增加消费；同时，房地产价格和股票价格下跌会导致消费者减少消费。当经济过热时，控制房地产市场和股票市场的盲目发展，可以抑制消费增长；当经济衰退时，采取宽松的房地产市场和股票市场政策，如采取降低税收、加强住房或保障房建设等手段，可以促进消费增长。

第4章 股票市场与房地产市场关联的传导中介

通过宏观经济、宏观政策、资金流动和心理预期等传导中介，房地产市场与股票市场产生间接关联。这是因为股票市场和房地产市场会同时受到一些宏观经济因素的影响；同时，其中一个市场的变化会通过宏观政策、宏观经济、资金流动和心理预期传导到另一个市场。其传导路径如图 4-1 所示。

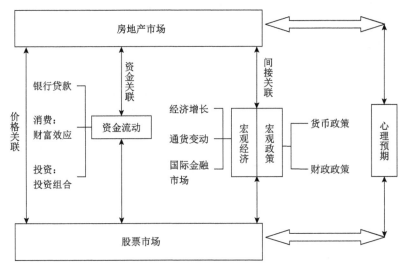

图 4-1 房地产市场与股票市场关联的传导中介

4.1 宏观经济中介

4.1.1 经济增长与股票市场、房地产市场

1. 经济增长对股票市场、房地产市场产生的影响

经济增长对股票市场和房地产市场的影响通常表现在以下几个方面。

第一，公司经营收入。经济从复苏阶段到繁荣阶段，宏观经济趋势良好，房地产公司的经营状况逐渐得到改善，盈利水平逐步提高。这时股东可以获得更优厚的回报，促使其股票价格上涨。然而，经济从衰退阶段到萧条阶段，房地产公司的经营收入受宏观经济的影响而不断下降，使房地产公司盈利能力下降甚至出现亏损，公司的股票价格也随之下滑。以我国 1994～1996 年上半年为例，当时我国宏观经济处于低谷，一些公司经营状况较差，盈利水平下降，股票市场也因此一蹶不振。

第二，居民收入水平。在经济处于上升阶段时，居民的收入水平逐渐提高，促使居民对房地产的消费和投资增加，从而推动各类企业的发展，企业也将获得更多的投资和储蓄。其中，储蓄可通过银行贷款为企业所有，而股票、债券投资满足了证券市场的需求，促使股票价格上涨。同时，当宏观经济形势良好时，如果利率下调，会促进居民增加对股票、房地产等资产的投资，使房地产市场和股票市场的资金更加充足；当宏观经济处于下降趋势时，则正好相反。

第三，投资者对股票市场和房地产市场的预期。投资者对股票市场和房地产市场的预期通常被称为"人气"。在宏观经济形势良好时，股票市场和房地产市场人气较旺，投资者普遍预期股票价格和房地产价格会继续上涨，同时，投资者也认为公司经营收入会进一步增加，因此，股票价格会一涨再涨；反之，在宏观经济形势低迷时，股票市场和房地产市场人气低迷，投资者丧失信心，即便这时有大的主力在市场托市，散户也不会响应，因此，股票价格会一跌再跌。这就是所谓的"牛市不言顶，熊市不言底"。（李康，1999）

2. 股票市场通过经济增长对房地产市场产生影响

股票市场通过经济增长影响房地产市场的示意图如图 4-2 所示。

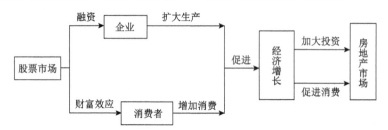

图 4-2　股票市场通过经济增长对房地产市场产生影响

虽然股票市场对经济增长的直接影响并不明显，但股票市场可以通过其他方式对经济增长产生影响，这是因为股票市场资金的流动改变了宏观经济中的资金分配模式。股票市场对经济增长的影响主要表现在对社会消费总额的影响上。自1995 年以来，中国股票市场迅猛发展，证券资产也快速增长；但与此相比，城镇居民人均收入增长相对比较缓慢。这是因为当证券资产迅速增长时，增加了人均拥有的证券财富，从而改变了居民的资产结构比例，即收入在总财富中所占比例下降，而财富中证券所占比例上升。因此，自1995 年以后，虽然相对于收入而言中国股票市场的财富效应影响仍然比较弱，但与之前相比，其影响已有很大进步。由此认为，虽然中国股票市场的财富效应并不明显，但其影响程度和发展速度呈上升趋势。

　　同时，股票市场为企业提供了更广的融资渠道，股票市场对经济的影响也主要体现在对企业融资上。2000 年，中国股票市场中企业货币资金较为宽松的主要原因是股票市场的"牛市"行情，其间接影响了中国金融机构的信贷结构和信贷业务行为。这一年股票市场资金量的增加影响了宏观经济中的各个主体行为。（高莉和樊卫东，2002）

　　股票市场的发展会影响宏观经济，又通过宏观经济影响到房地产市场。宏观经济与房地产市场的关系可以用四象限模型（图 4-3）来进行分析。房地产既是一种耐用消费品，又是一种投资品。当房地产作为投资品时，资产（投资）市场决定其价格和生产数量；而当房地产作为消费品时，物业（空间）市场决定了房地产的租金状况水平。股票市场和房地产市场是相互联系的：第一，资产市场的需求由物业市场上租金水平所确定；第二，资产市场决定物业市场的供给。（迪帕斯奎尔和威廉，2002）

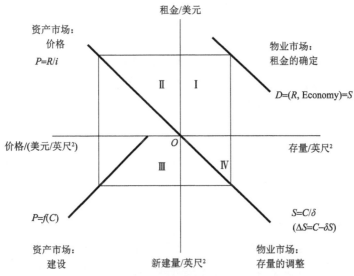

图 4-3　房地产资产市场与物业市场互动关系

1 平方英尺=0.092 903 平方米

　　在图 4-3 中，第 I 象限两个坐标轴分别为租金和存量。直线显示国家在一定的经济条件下，租金如何取决于物业需求量。在横轴上可以得到不同租金所对应的物业需求量。当经济繁荣时，公司或家庭数量增加，直线向上移动，说明在租金保持不变时，物业需求量增加；在经济衰退时，直线向下移动，说明物业需求量下降。第 I 象限对应的方程式为

$$D = (R, \text{Economy}) = S$$

其中，D 为物业需求量；R 为租金；Economy 为经济因素；S 为存量。

第 II 象限的坐标轴是租金和价格，此象限代表了资产市场的第一部分。图 4-3 中的射线以中心的原点为起点，射线的斜率为房地产资产的资本化率，即租金和价格的比值，比值为投资者选择拥有房地产资产的现行期望收益率。在此象限中，资本化率根据利率和资本市场上各种资产的投资回报而定，被视为一种外生变量。此象限的目的是通过租金 R 与资本化率 i 的比值来确定房地产资产的价格 P：

$$P = R / i$$

第 III 象限显示了价格与新建量之间的关系。随着房地产开发活动的增多，新项目开发建设的重置成本也增加，因此，第 III 象限的直线向左下方延伸，当重置成本升高时，直线将向左平移；当重置成本降低时，直线将向右平移。该象限对应的方程为

$$P = f(C)$$

其中，P 为价格；$f(C)$ 为房地产的重置成本。

第 IV 象限显示新建量与存量之间的关系。设 C 为新建量，S 为存量。存量与新建量之间存在这样的关系：$\Delta S = C - \delta S$（δ 为折旧率）。如果市场处于均衡状态，则 $\Delta S = 0$，存在以下方程：

$$S = C / \delta$$

此模型仅显示某个时间点的市场均衡状态，不能反映一个市场从不均衡状态调整到均衡的过程。（张红，2005）

四象限模型可以用来解释经济增长对房地产市场的影响。当经济增长时，在第 I 象限内的需求曲线向右上方移动，表明在当前（或其他时间）的租金水平下，物业需求较强，这种情况在家庭收入、家庭数量和生产规模增加时会发生。当可用物业的数量不变时，则必须相应地提高租金，较高的租金又会使第 II 象限内物业价格随之提高，接着使第 III 象限内新建量增加，最终促进第 IV 象限内物业存量增加，如图 4-4 所示，虚线所示的方框为新的市场平衡。在四个象限，虚线所示的方框均位于实线所示方框（原市场均衡线）的外部。

当经济扩张时，在原市场均衡线之外形成均衡方案的方框，因为后期的租金、价格、新建量及存量，都不可能低于初始均衡状态时的原始值。但是新的均衡方案并不一定在原市场平衡的矩形外侧等比例扩张。其方框的新形状由各直线的斜率所决定。例如，相对于资产价格来说，如果新建量弹性较大（第 III 象限中的直线接近为一条垂直线），那么房地产的租金和价格可能略有上涨，但市场上的新建量和存量却可能出现更大的增长。

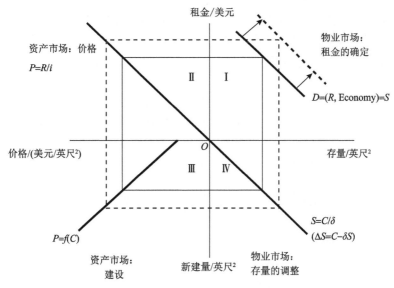

图 4-4 经济增长对房地产市场的影响

当经济增长时，房地产市场上的所有变量随之增长；而当经济不景气时，则会使所有变量减小。

3. 房地产市场通过经济增长对股票市场产生的影响

房地产市场通过经济增长影响股票市场的路径可以用图 4-5 表示。

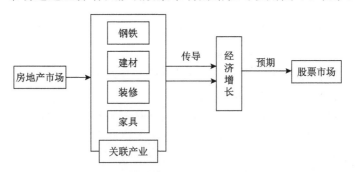

图 4-5 房地产市场通过经济增长对股票市场产生的影响

由于房地产产业链跨度大，产业附加值高，且关联效应和扩散效应高，房地产业已经成为国民经济增长的重要内容。改革开放 40 年来，房地产业迅速发展，已经初步形成较为完善的市场体系。房地产业为提高居民生活水平、促进国民经济发展、促进居民消费和投资及刺激国内需求做出了贡献。

据世界银行报道，20 世纪 80 年代中期至 90 年代初，在发展中国家，房地产投资对相关产业的乘数效应约为 2 倍，并带动了房地产产业链下游和上游 50 多个物质生产部门的发展。可见，房地产是国民财富的主要构成部分，是整个社会财富的重要组成部分，对国民经济发展有长远影响。房地产业一般会领先于国民经济发展，并带动相关产业的迅速发展。因此，房地产业的发展会促进或带动国民经济的增长。（韩健，2004）

　　当经济形势变好时，上市公司的业绩会受到影响，从而带动股票市场的发展。同时，经济形势也会改变投资者的投资行为。当经济形势变好时，投资者对前景持有乐观态度，就会积极投资；当经济形势不好时，投资者对前景比较悲观，投资会特别谨慎。（顾青和夏叶，2008）

4.1.2　通货变动对股票市场、房地产市场的影响

1. 房地产市场通过通货膨胀对股票市场的影响

房地产市场通过通货膨胀对股票市场的影响示意图如图4-6所示。

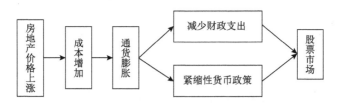

图4-6　房地产市场通过通货膨胀对股票市场的影响

　　价格学理论认为，在市场经济条件下，不同商品价格有机联系在一起形成统一的价格体系，显现出价格链条的系列衔接性，在这个价格链条上，如果任何一个价格环节发生变动，就会通过成本或需求向其他环节传导，这是价格运行的基本规律。如果价格传导顺利，经过一段时间后，高增长的生产价格就会传递到消费价格上，最终形成全面的通货膨胀。

　　随着房地产价格的上涨，与之相关联的产品、服务和行业的价格也会上涨，这种价格的联动效应并不是单一化、局部化的，而是较为广泛、复杂的。从计量经济学的角度来看，人们很难计算房地产价格上涨带动其他产业价格上涨的贡献率。但已有的数据表明，生产资料的产品价格变化比消费品价格变化提前一年左右，生产资料的产品价格连续上涨一般会体现到最终消费品价格上来，这个规律也可以从生产资料价格指数（producer price index，PPI）走势上看出来，其往往超前于其他价格指数。通过一段时间积累，房地产价格的连续上涨会通过价格传导机制使全社会商品物价上涨，从而形成新的通货膨胀压力。从2005～2007年我国房地产市场可以看出，房地产市场过热在很大程度上导致许多相关产业供应紧张，形成房地产投资热潮，带动相关产业的价格上涨，最后构成通货膨胀压力。

　　当通货膨胀发生时，一般情况下政府会采取一些措施，如控制或减少财政支

出、实行紧缩性货币政策、提高市场利率水平等，从而促使股票价格下降。同时，当通货膨胀发生时，企业经理和投资者不能确定自己的盈利究竟是多少，难以对未来的盈利水平进行预测。因为企业经理和投资者无法判断与之相关的设备、原材料、工资等成本的上涨状况。并且在通货膨胀下按照名义收入征税的制度，企业利润也会大大减少甚至毫无利润。因此，通货膨胀导致企业利润的不稳定会阻碍新投资进入市场。

当通货膨胀率在 5% 以内时，一般认为通货膨胀的危害并不大；相反，其对股票价格还有一定的推动作用，这是因为通货膨胀是货币供应量增多造成的。最初，货币供应量增多能刺激生产，增加公司利润，并增加可派股息。股息的增加促使投资者投资股票增多，推动股票价格上涨。但是，当通货膨胀率继续上升且发展到一定时期时，经济发展和物价的预期就变得不确定，经济形势难以捉摸。一方面，企业的发展变得不稳定，企业利润前景不明，从而影响新投资进入市场；另一方面，当通货膨胀发展到一定阶段时，政府会提高利率水平，促使股票价格下降。在两方面因素的影响下，股票价格水平将下降。

2. 股票市场通过通货膨胀对房地产市场的影响

针对股票市场对通货膨胀的影响，也存在着两种完全不同的观点。一种观点认为，股票价格上涨可以减小通货膨胀的压力。这是因为股票价格上涨，使得股票市场吸收了多余的流动性货币，缓解了货币的供求关系，促进了物价稳定。例如，当人们把买房的钱转而投入股票市场时，他们就减少了对商品房的需求。若控制股票价格上涨，资金则进入商品市场，就会推动商品物价上涨。另一种观点却认为，股票价格上涨会加大通货膨胀压力。这是因为股票价格上涨会增加投资者的财富，而消费会随着收入与财富的增加而增加，财富的增加会促进投资者消费。由于股票市场具备快捷的变现特点，这就决定投资者的虚拟财富短时间内就可以变成真实财富。根据经济学原理，即使投资者不变现虚拟财富，当人们收入预期提高时，他们也会扩大消费支出，而消费的扩大使通货膨胀压力加大。本节按照第二种观点做出流程图，如图 4-7 所示。

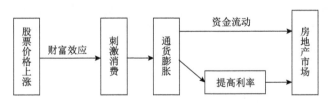

图 4-7　股票市场通过通货膨胀对房地产市场的影响

研究表明，对房地产持有者来说，房地产可以作为一种有效的冲销工具抵御通货膨胀。投资者可以购买和持有不同资产或进行投资组合，以此抵御通货膨胀给投资者带来的风险。如果这些资产或投资组合的收益率与通货膨胀呈正相关关系，则这些资产可以作为通货膨胀的冲销工具。根据投资组合理论，如果在某种混合投资组合中加入房地产，此投资组合的通货膨胀风险比最初的投资组合的通货膨胀风险明显要低一些。而抵御通货膨胀能力最强的是商业房地产（Wurtzebach et al.，2000；王婧文，2007）。

可以从供给和需求的角度来分析通货膨胀对房地产市场的影响。在供给方面，由通货膨胀引致的紧缩性货币政策或信贷控制对开发商来说最有压力，这可能导致开发商资金链紧张，尤其是对一些习惯于高负债运作的开发商来说，其很可能面临资金链断裂的危险。在需求方面，由于通货膨胀降低了人们实际购买力和收入预期，但不能简单地认为通货膨胀降低了房地产需求。房地产需求可以分为两大类：一类是刚性需求，这类需求是真实的购房需求引起的，中国持续的人口红利和正在加速的城镇化进程支撑了巨大的刚性需求，这类刚性需求成为房地产市场由卖方市场转向买方市场的最大阻力。这包括旧城改造、旧有城市居民改善居住水平、农村人口进入城市等新增住房需求。另一类是投资性需求和改善性需求。例如，当通货膨胀发生时，原有的一部分投资性房地产需求向供给转化；在通货膨胀引致信贷紧缩、中小企业贷款困难时，一部分企业或企业主会将持有的投资性房地产出售，缓解经营性资金压力，从而释放出部分房地产供给。

4.1.3　国际金融市场与中国股票市场、房地产市场的关系

随着中国金融市场的逐步放开，国际金融市场与中国金融市场的关系越来越紧密。通过利率和汇率，国际资本流动可以影响中国股票市场。当一国国际资本流入增加时，就可能下调利率，这时投资者的机会成本减少，上市公司的业绩增加，股票价格上涨。在外汇市场上，当本国货币升值时，股票价格也随之上涨；相反，则会导致股票价格下跌。国际资本流动对中国股票市场的影响途径主要有三种：①当国际资本流入中国市场时，受资本的影响，国际收支失衡，这将引起国内利率和汇率波动，从而带动股票市场产生波动；②当国际资本流入中国市场时，中国会增加货币供应量，市场上货币量的增加导致通货膨胀率提高，从而加剧股票市场的波动；③当国际资本流入中国市场时，中国将会增加资本来源，从而进一步扩大经济规模，这样加速了股票市场的发展。（林平忠，2005）

同时，国际金融市场也可以通过汇率变动影响中国房地产市场。人民币升值促使国际资金进入中国房地产市场；而人民币贬值会使国际资金撤出我国房地产市场，国际资金的流入和流出一定程度上推动了我国房地产价格的上涨与下跌。其可以被描述为：①当美元兑人民币汇率下降时，则人民币升值，促使国际资本流入，从而推动中国房地产价格上升；②当美元兑人民币汇率上升时，则人民币

贬值，促使国际资本流出，从而推动中国房地产价格下降。

国际金融市场剧烈震荡也会影响我国股票市场和房地产市场。例如，2007 年，美国房地产市场泡沫破灭，引发次贷危机，最终导致华尔街金融风暴，冲击了整个国际金融市场，从而引发股票市场恐慌性抛售，全球经济跌入低谷。国际金融市场的剧烈震荡对我国股票市场和房地产市场的影响主要有以下几点：①剧烈震荡的国际金融市场导致中国投资者心理恐慌，从而影响股票市场和房地产市场；②国际金融市场剧烈震荡使我国宏观经济增长目标的实现难度加大，通过宏观经济和宏观政策间接影响我国股票市场与房地产市场的发展；③通过实体经济的传导，国际金融市场剧烈震荡对我国股票市场和房地产市场相关行业及上市公司产生影响；④国际金融市场剧烈震荡影响我国股票市场和房地产市场规模及国际化程度。（李康，1999）

4.2 宏观政策中介

4.2.1 货币政策对股票市场、房地产市场的影响

货币政策是国家宏观经济政策的重要内容，是中央银行运用不同政策工具来调节货币供给和需求，以此实现宏观经济调控目标的方针和策略的总称。为了防止经济衰退、刺激经济发展，国家实行扩张性货币政策，中央银行通过增加货币供应量来扩大社会的有效需求。例如，降低法定存款准备金率、降低中央银行的再贴现率或在公开市场上买入国债。如果国民经济持续高涨，通货膨胀压力较大，国家就会采用适当紧缩的货币政策，通过减少货币供应量，紧缩信用，达到社会总需求和总供给的基本平衡，中央银行可以通过提高法定存款准备金率、提高中央银行的再贴现率或在公开市场上卖出国债的方式减少货币供应量。（李晓慧，2001）

1. 股票市场通过货币政策对房地产市场的影响

股票市场通过货币政策对房地产市场的影响示意图如图 4-8 所示。

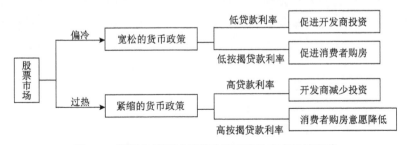

图 4-8 股票市场通过货币政策对房地产市场的影响

　　社会资金进出股票市场，使股票市场成为巨大的资本池。在现代市场经济中，股票市场在货币政策的传导机制中起着重要作用，股票市场对货币政策效应的促进作用越来越明显。

　　货币供应量和货币政策工具的实施效果受股票市场发展的影响。由于企业融资证券化和社会资产证券化的发展，中央银行对货币供应量的调控缺乏准确性。如何选择货币政策工具，对于中央银行来说提出了更高的要求。在实施货币政策时，中央银行必须充分考虑股票市场对政策的反应及对投资和消费的影响。

　　（1）作为融资渠道，股票市场在资源配置和产权交易上的地位与作用逐渐加大，特别是养老基金、共同基金、新兴非银行机构（如金融公司）等进入股票市场中，货币政策的传导路径增多，经济主体呈现多元化趋势，经济主体的行为显现多变性，这都增加了经济运行的不确定性，使货币政策的传导机制变得更为复杂。

　　（2）随着股票市场的发展，股票价格对货币政策的调控目标有重大影响，包括抑制通货膨胀，保持商品和服务价格水平的稳定。例如，当股票价格上涨时，可能导致一般商品和服务价格水平的上涨，这会歪曲价格信号，最终导致实体经济中资源配置不当；如果股票市场的波动形成泡沫，泡沫时间越长，对实体经济的破坏就越严重。

　　（3）随着股票市场的发展，基础货币和股票市场都会影响货币供应量的变动，因此，中央银行希望通过控制基础货币来控制货币供应量的难度加大。通常，当使用货币政策工具时，能改变股票市场与银行的资金收益水平比值。当一定时期内银行收益高于股票市场收益时，资金流入银行；相反，资金流向股票市场。因此，相比基础货币对货币供应量的影响，股票市场对货币供应量的影响更加迅速。如果货币总量只考虑货币与一般价格水平的关系，而忽略股票市场及其衍生品市场对货币的需求，就不能全面反映经济的动态。（李晓慧，2001）

　　通过货币政策，股票市场对房地产供应产生影响，主要有两种方式：一是利率。当利率下降时，房地产企业的利息支出减少，房地产企业的开发成本降低，促使房地产企业的开发数量增加，从而供给增加，房地产价格下降。二是贷款投放量。当中央银行实施紧缩信贷政策时，减少贷款投放量，则房地产开发商周转资金减少，导致房地产开发商减少开发量，房地产供给相应减少，房地产价格上升。

　　货币政策对房地产需求的影响主要有两个方面：一是调整存款利率改变居民购买商品房等资产的需求。二是调整个人住房贷款利率。一般情况下，当个人住房贷款利率上涨时，购房者还款额增加，同时个人购房需求也随之下降，这将导致商品房销售数量减少，房地产价格下跌。（叶兵和邓旺，2007）

2. 房地产市场通过货币政策对股票市场的影响

房地产市场通过货币政策影响股票市场的示意图如图 4-9 所示。

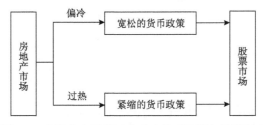

图 4-9 房地产市场通过货币政策对股票市场的影响

当房地产价格上涨较快时，政府为了稳定房地产价格及抑制投资过热，会制定相应的货币政策。当房地产市场较冷时，政府将采取宽松的货币政策，如降低利率、降低存款准备金率等货币政策，促进房地产市场逐渐复苏；当房地产市场过热时，政府将采取如提高利率、限制房地产投资的紧缩的货币政策。房地产价格变化通过货币政策传导从而影响股票市场。

中央银行通过货币政策影响股票市场的途径主要有三种：一是调整货币供应量；二是调整利率；三是中央银行在公开市场上买卖证券。实际上，货币供应量的增减和在公开市场上买卖证券最终都是通过利率的变动对股票市场起作用。（李晓慧，2001）因此，房地产市场的变化主要通过利率对股票市场产生一定的影响。

4.2.2 财政政策对股票市场、房地产市场的影响

财政政策是通过财政收入和财政支出的变动来影响宏观经济活动。财政政策主要有三个手段：一是改变政府购买水平；二是改变政府转移支付水平；三是改变税率。当经济增长放缓，失业率上升时，政府往往实行扩张性财政政策，提高政府购买水平，提高政府转移支付水平，降低税率，从而增加总需求，解决经济衰退和失业问题。当经济增长强劲，价格水平持续上涨时，政府应实行紧缩性财政政策，降低政府购买水平，降低政府转移支付水平，提高税率，从而减少总需求，抑制通货膨胀。

1. 股票市场通过财政政策对房地产市场的影响

股票市场通过财政政策影响房地产市场的示意图如图 4-10 所示。

股票市场能否迅速地传递财政政策，这是股票市场与财政政策协调运行的关键所在。

（1）通过股票市场传递国家对产业的倾斜政策。在资金短缺和经济需要快速

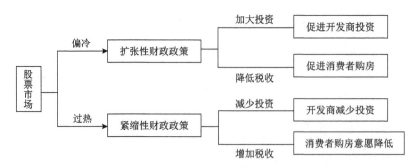

图 4-10　股票市场通过财政政策对房地产市场的影响

发展的时期，国家的财政政策有时候会倾向于某些行业或领域。实施财税优惠和增加财政支出等政策，会提升该领域经济发展预期，在股票市场上表现出该领域成为领涨板块，该领域的股票得到投资者追捧，如在西部大开发政策扶持中的西部股票板块。

（2）通过股票市场传递国家宏观调控的目标。在市场经济中，公共债务（以下简称公债）是财政政策实现宏观经济调控目标的理想工具。随着信用制度的逐步完善和发展，公债成为调节货币供求和协调财政与金融关系的重要手段。

在经济衰退时期，政府通过增加发行短期公债，增加社会流动资金；通过增加银行系统所持有公债的份额，扩大信贷规模，增加货币供应量；通过降低公债的发行利率，使金融市场利率水平下降；通过大量购买债券，刺激公债价格上涨，使利率下降，形成扩张效应。通过股票市场对这些政策的传递，短期而言，这些政策将促进社会资金购买公债，而减少资金进入股票市场，这时股票市场处于低迷状态，显示出需要振兴经济发展的信息；长期而言，这些政策的实施刺激了社会投资和消费的需求，股票市场表现出要扩张和繁荣的强烈愿望，引导人们增加对经济发展的信心。

在经济繁荣时期，政府通过增加发行长期公债，减少流动性资金，以此抑制社会总需求；增加非银行系统持有公债的份额，将居民的资金使用权转移给政府；提高公债的发行利率，促使金融市场利率水平上升；通过大量销售债券，使公债价格下跌，利率水平上升，形成扩张效应。股票市场对以上这些政策的传递，短期而言，这些政策将会阻碍社会资金进入公债市场，同时加大了资金进入股票市场的机会，使股票市场呈现高涨状态，提示整个经济发展需要冷静的信息；长期而言，这些政策的实施遏制了社会投资和消费的需求，股票市场呈现出需要回调和整理的强烈愿望，迫使人们更加稳健地投资和消费。（李晓慧，2001）

当国家实施扩张性财政政策时，政府会加大支出，降低税率，从而扩大市场上流通的货币量，市场上货币更加充足，流通更加频繁，导致投资过热，推动房地产价格虚高；反之，当国家实施紧缩性财政政策时，政府则会减少投资、增加税收，在一定程度上冷却市场，较高的利率使人们更愿意将钱存在银行，而不是放在股票市场和房地产市场上。

2. 房地产市场通过财政政策对股票市场的影响

房地产市场通过财政政策影响股票市场的示意图如图 4-11 所示。

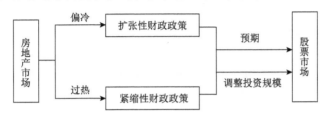

图 4-11　房地产市场通过财政政策对股票市场的影响

当房地产市场出现过热现象时，为了保证经济健康稳定地发展，政府会采取紧缩性财政政策，通过减少政府开支、增加税收，从而冷却房地产市场。受紧缩性财政政策的影响，市场流动性降低，市场预期下降，使得投资者的投资规模缩小。例如，2007 年我国房地产价格快速上涨，政府实行稳健的财政政策，加上紧缩的货币政策，以此控制房地产市场的投资规模。

当房地产市场低迷时，为了刺激经济，推动房地产业的发展，政府采取扩张性财政政策，通过加大对房地产市场的投资、降低房地产交易的税费，以此减少开发商投资成本和消费者交易成本。在扩张性财政政策的影响下，市场信心得以恢复，投资者和消费者对市场产生良好的预期，并增加投资和加大消费规模，从而促进股票市场的发展。以 2008 年为例，我国经济受全球金融危机的影响，开始出现下滑趋势，房地产销售量下降，伴随着房地产市场的下滑，房地产相关产业受到较大的影响，这时我国政府及时调整财政政策，由稳健的财政政策调整为较宽松的财政政策，以刺激经济的发展。2008 年 11 月初，国务院确定应对金融危机的一揽子计划，由于受市场良好预期的影响，股票价格有所回升。

4.3　资金流动中介

由于银行贷款、财富效应、投资组合的影响，房地产市场与股票市场之间将会有资金流动：①银行贷款。由于银行贷款的调整，房地产市场和股票市场中的流动资金会受到一定程度的影响。宽松的银行贷款使流动资金增加，从而房地产市场和股票市场的投资增加；紧缩的银行贷款使流动资金减少，从而房地产市场和股票市场的投资下降。特别是我国房地产市场过于依赖银行贷款，所以银行贷款对房地产的投资和消费都有较大的影响。②财富效应。房地产价格和股票价格的财富效应不同，将使资金从财富效应较小的市场流向财富效应较大的市场。③投资组合。不同时期的房地产市场和股票市场的投资风险不同，投资者根据房地产和股票的风险大小合理配置投资组合，资金在房地产市场和股票市场中得以分配。

4.3.1　房地产市场通过资金流动对股票市场产生影响

随着我国房地产市场和股票市场的发展，房地产价格通过资金流动对股票价格的影响表现在以下几个方面。

（1）资金在房地产市场和股票市场之间的流动。当房地产市场繁荣时，房地产价格上涨，房地产投资带来丰厚的利润，于是吸引大量资金进入房地产市场，而投资股票市场的资金相应减少；当房地产市场衰退时，投资者调整投资组合，重新分配股票市场与房地产市场的资金。

（2）股地拉扯。以 2007 年为例，当我国股票价格迅速上涨时，市场上出现股地拉扯，即开发商先囤地，甚至负债囤地，再对资本进行首次公开募股（initial public offerings，IPO）融资，融资所得资金用来还债或再买地。这是因为房地产资源的稀缺性，企业拿到越多地，企业股票越被追捧。于是，地产商借机增发股票或发行债券，以获得更多资金，这就形成"土地价格－股票价格"联动格局。

（3）通过房地产按揭为股票市场提供资金。在股票市场火爆时，有些投资者并没有充足的资金投资股票市场，这时银行主动增加他们的房地产按揭贷款总额，原来没有资金的人很快获得资金。这种情况只能在房地产价格上涨的背景下进行，如果房地产价格下跌或股票市场趋势逆转，那么投资者的风险立即显现出来，银行风险与房地产市场和股票市场的风险紧密联系在一起。（洪正华和尹中立，2007）

4.3.2　股票市场通过资金流动对房地产市场产生影响

股票价格与房地产价格的变化存在着某些联系。当股票价格上涨时，投资股票能带来较为丰厚的收益，于是吸引大量资金投入股票市场，而投资房地产的资金量减少，房地产市场趋于疲软，房地产价格下跌；而当股票价格下跌时，意味着投资股票可能无利可图，甚至会造成资产的损失，投资房地产则能保值、增值，因此，资金转向房地产市场，促使房地产市场回暖，房地产价格上升。（周杰，1998）

2005 年以前，我国股票流通市值占国内生产总值的比重只有 10%左右，股票价格对整个经济的影响很小，因此，其对房地产市场的影响也非常有限。而且，在 1998 年住房制度改革之前，大部分城镇居民的住房是由政府或单位分配的，住户也没有住房产权，几乎不存在房地产市场。直到 1998 年之后，我国取消福利分房制度，房地产市场才逐渐形成。因此，在 2005 年之前，我国股票市场和房地产市场都还处在发展阶段，两个市场对宏观经济的影响并不明显，两者之间的关系也不明显。

2007 年 6 月以后，我国股票市值首次超过国内生产总值，股票价格开始影响宏观经济及房地产市场，股票价格与房地产价格的关系变得越来越紧密。股票价格对房地产价格的影响体现在两个方面：一方面，股票价格的财富效应带动了消费的增长及房地产的投资，推动房地产价格的上涨。另一方面，股票价格的上涨为房地产市场提供了丰富的资金来源；反过来，房地产价格上涨的财富效应又推动股票价格不断上涨。因此，股票市场的繁荣使市场资金非常充裕，为房地产公司的融资提供了良好的条件。2005 年，万科企业股份有限公司在股票市场融资 20 亿元；2006 年再次融资 42 亿元；2007 年则一次性在股票市场融资超过 100 亿元，每一次融资的规模都比上一次融资翻了一番。（洪正华和尹中立，2007）

4.4　心理预期中介

随着金融全球化和科技现代化的发展，计算机、通信及互联网等高科技产业迅猛发展，信息的透明度和传播速度达到前所未有的水平；同时，金融工具被广泛使用，资本价格形成和调整的频率、速度及精确度得到了很大提高，全球金融市场已处于相互依赖、不可预测的复杂巨变系统中。在这种情况下，投资者的心理预期和市场信心成为房地产市场与股票市场相互作用的传导中介。

4.4.1　心理预期的中介过程

由于全球金融系统变得日益复杂和不稳定，投资者的心理变得敏感和脆弱，市场上有时充满乐观情绪，有时又会被悲观情绪包围。随着银行系统越来越自由化和全球化，投资者能以相对较低的成本迅速地调整投资种类。因此，当某个金融市场上出现某些不好的苗头时，市场中的不安定情绪立即会转化为普遍的恐慌，部分投资者出现抛售行为，又被另一些投资者所仿效，结果演变为羊群效应[①]，并迅速传递到其他金融市场，产生多米诺骨牌效应。如果这时金融市场的危机不能被及时控制，而任其发展下去，结果将不仅是单向传导，而是多向传导或交叉传导，甚至演变为全球性金融危机。（陈雁云，2006）

以 2008 年美国金融危机为例，从这次危机来看，心理预期引起恐慌，而恐慌

---

① 羊群效应是一种非理性行为，是投资者在信息环境不确定的情况下，行为受其他投资者的影响，并模仿他人决策，或者过度依赖舆论而不考虑自己实际情况的投资行为。

又被加剧和扩散，导致股票价格和房地产价格的联动下滑。这次危机从信用危机开始，引发股票市场危机和房地产市场危机，进而导致经济危机，危机不断升级，其影响范围从最初的美国到欧洲，最后波及全球。在这场迅速蔓延的危机中，投资者的心理预期变化和市场信心是危机中一个重要的传导因素。

4.4.2　心理预期中介的类型

投资者在对股票市场和房地产市场进行投资分析时，不仅分析国家现有的各种经济信息，还预测和分析未来的宏观经济、利率、通货膨胀、货币供应量等经济变量，然后根据经济数据或预期进行投资。因此，心理预期也是股票市场和房地产市场之间关联的重要中介。

1. 对宏观经济的心理预期

股票市场能预先反映宏观经济周期，被称为经济的晴雨表。当投资者认识到宏观经济处于上升阶段时，他们预期上市公司的利润将增加，于是购买公司股票，促使股票价格上涨。股票价格持续上涨显示国家经济繁荣，经济实力增强，这又加强了房地产市场上投资者的信心，投资者预期房产增值，投资增加；反之亦然。

2. 对利率变化的心理预期

利率被称为国家宏观经济的"指挥棒"，而股票市场和房地产市场是宏观经济的重要组成部分，利率的调整或变动会对股票市场和房地产市场产生一定的影响。利率变动对股票价格的影响是多方面的：一是利率的变动影响预期收益率和资金成本的变化，从而改变上市公司的经营状况，影响股票价格的长期趋势；二是利率的变动影响市场上货币供应量，使资金供求关系发生改变，从而影响股票价格的短期走势。对于不同类型的股票，股票价格变动的方向也不同。当利率政策变动时，往往会造成房地产市场较大波动，二者密切相关。因为利率的变动直接影响开发商和消费者偿还贷款利息与还贷成本，从而促使部分开发商和消费者进入或退出房地产市场，房地产供给和需求得到重新调整，进而影响房地产价格。

3. 对汇率变化的心理预期

如果投资者预期某国货币增值，他们就可能将资金投入该国房地产市场和股票市场，增加市场流动性。除了获得该国货币增值收益，投资者还将获得房地产和股票的增值收益；反之，如果投资者预期某国货币贬值，就会从该国市场中撤出资金，这时该国市场中房地产和股票供给增加，促使房地产价格和股票价格下降。例如，2007 年投资者对人民币增值预期加大，一些外资进入中国市场购买房地产和股票，推动了中国房地产价格和股票价格上涨。2008 年 12 月初，人民币汇率连续几天跌停,投资者对人民币贬值预期增加,随后出现外资从房地产市场撤离的现象。

4. 对通货膨胀变化的心理预期

当投资者预期某国的通货膨胀率上升时,就会做出两个方面的分析:一方面,投资者认为股票价格就要上升,因为通货膨胀会导致上市公司产品价格上涨,公司利润提高。另一方面,房地产作为基本生产资料和耐用消费品,因其价值高,所以无论是企业还是家庭购买房地产都需要大量的资金,一般多采用贷款的形式。当投资者是在固定利息贷款条件或固定还款抵押贷款模式下购买房地产时,如果投资者预测未来通货膨胀率会上升,则未来实际需要偿还的贷款数额下降,当前房地产所有者权益增加,房地产价格上涨。当通货膨胀率上升时,一般认为社会总需求大于总供给。但是房地产的供给弹性小,房地产存量的调整不能满足上升的需求,这时,房地产市场难以通过数量调整来实现供求平衡,只能依靠价格调整,需求上升将导致价格上升而不是数量增加,因此,当通货膨胀率上升时,房地产价格上升速度要比普通商品快,甚至快于通货膨胀率。最后,房地产价格波动遵循自我实现的正反馈机制,即投资者觉察到房地产价格上涨后,就会预期价格继续上涨,投资者增加资金投入,不断流入的资金又推动房地产价格继续上涨,于是价格预期得以自我实现,这种反馈机制增加了投资者的预期,投资者仍然预期房地产价格上涨,不断增加房地产市场的资金投入,资金投入和价格上涨不断循环。当通货膨胀率较高时,因为房地产具有保值性,大量的资金投入房地产市场,推动了房地产价格的上涨,在正反馈机制下房地产价格持续上涨,并且超过通货膨胀上升速度。(王婧文,2007)

从上述分析可以看出,借助宏观经济、宏观政策、资金流动及心理预期的中介作用,股票市场与房地产市场之间存在一定的关联性。其中的传导过程既有直接的,也有间接的;有的比较明显,有的则比较隐蔽,产生影响的程度和时滞各异。

第5章 房地产市场与股票市场的间接关联

5.1 房地产市场、股票市场与宏观经济之间的关系

5.1.1 经济增长与房地产市场

1998 年，我国住房制度改革释放了我国房地产的消费需求，房地产市场迅速发展。房地产业作为国民经济的支柱产业，其健康发展对人们生活、国家财政收入及国民经济的发展尤为重要。从图 5-1 可以看出，1998～2007 年，我国国内生产总值年平均增长率为 9.6%；与此同时，房地产价格也快速增长。特别是 2003～2007 年，房地产市场的迅速发展推动了经济的持续高速增长。

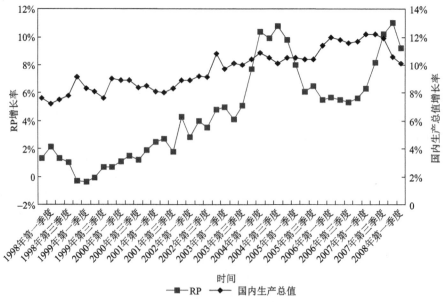

图 5-1 RP 增长率与国内生产总值增长率

RP 表示房屋销售价格指数

1. 经济增长对房地产市场的影响

图 5-2 显示了经济增长对房地产市场的影响机制。经济增长对房地产市场的影响主要通过投资和消费两个渠道。当经济处于上升阶段时，居民可支配收入增

加，居民对房地产的需求也相应增加，房地产市场出现供不应求的情况，从而房地产价格和租金上涨。由于经济增长存在一定惯性，以及人们对未来持有良好的心理预期，投资者为了追求高利润纷纷进入市场，从而增加市场中的供给，推动宏观经济继续繁荣并达到顶峰。然而，当经济处于紧缩阶段，这时货币供应量和就业供给量超过经济需求。由于信息不对称，供给盲目扩张最终导致市场供给过剩，房地产价格和租金出现下滑，这时企业和居民投资热情降低，投资者开始撤出。但由于市场存在滞后性，增量住宅仍不断进入市场，导致空置率提高，房地产价格和租金出现下滑，直至房地产市场出现萧条。当宏观经济衰退时，通货膨胀更加严重，失业率继续上升，居民收入下降，企业盈利减少，房地产需求减少，大量二手房进入市场，此时房地产市场空置率达到最高值，房地产总需求下降到最低点，房地产价格和租金也达到最低点。这时房地产市场的价格和成本较低，促使经济开始慢慢复苏。货币和劳务的需求开始增加，对房地产需求逐渐回升，空置率下降，于是房地产价格和租金趋于稳定并开始小幅度上涨。经济不断发展并转向扩张阶段，房地产价格进入上涨通道。（吴宝申，2007）

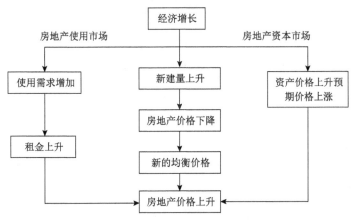

图 5-2　经济增长对房地产市场的影响机制

2. 房地产市场对经济增长的影响

由于房地产业具有产业链跨度大、产业附加值高、关联效应和扩散效应较高等特点，房地产业已经成为国民经济增长的重要组成部分。改革开放 40 年来，房地产业得到快速发展，并逐步形成了较完善的市场体系。房地产业的发展改善了居民住房条件，促进了居民的消费和投资，拉动了内需，促进了整个国民经济的发展。（韩健，2004）

在国民经济行业分类（GB/T 4754—2017）中，房地产业属于第三产业，房地产业的增加值是国内生产总值的组成部分，房地产业的投入与产出影响着国内总需求和总供给中生产、投资等方面。房地产业对国民经济的影响主要表现在以下两点：一是房地产业总量增长对国内生产总值增长的贡献；二是房地产投资对国内生产总值增长的影响。

1）房地产业总量增长对国内生产总值增长的贡献

房地产业总量增长对国内生产总值增长的贡献可以用贡献率来表示。贡献率用于分析经济增长中各因素作用大小的程度，计算方法是

$$贡献率=\frac{某因素贡献量（增量或增长程度）}{总贡献量（总增量或增长程度）}\times100\%$$

贡献率是指某个因素的增量（或增长程度）占总增量（或增长程度）的比重。房地产业总量增长对国内生产总值增长的贡献率是房地产业每年增加值增量占国内生产总值增量的比重（周达，2008）。计算结果如表 5-1 所示。

表 5-1　房地产业总量增长对国内生产总值增长的贡献率

年份	房地产业增加值/亿元	国内生产总值/亿元	房地产业增加值增量/亿元	国内生产总值增量/亿元	房地产业总量增长对国内生产总值增长的贡献率
1988	473.8	1 5042.8	—	—	—
1989	566.2	16 992.3	92.4	1 949.5	4.74%
1990	662.2	18 667.8	96.0	1 675.5	5.73%
1991	763.7	21 781.5	101.5	3 113.7	3.26%
1992	1 101.3	26 923.5	337.6	5 142.0	6.57%
1993	1 379.6	35 333.9	278.3	8 410.4	3.31%
1994	1 909.3	48 197.9	529.7	12 864.0	4.12%
1995	2 354.0	60 793.7	444.7	12 595.8	3.53%
1996	2 617.6	71 176.6	263.6	10 382.9	2.54%
1997	2 921.1	78 973.0	303.5	7 796.4	3.89%
1998	3 434.5	84 402.3	513.4	5 429.3	9.46%
1999	3 681.8	89 677.1	247.3	5 274.8	4.69%
2000	4 149.1	99 214.6	467.3	9 537.5	4.90%
2001	4 715.1	109 655.2	566.0	10 440.6	5.42%
2002	5 346.4	120 332.7	631.3	10 677.5	5.91%
2003	6 172.7	135 822.8	826.3	15 490.1	5.33%
2004	7 174.1	159 878.3	1 001.4	24 055.5	4.16%
2005	8 243.8	183 217.5	1 069.7	23 339.2	4.58%
2006	9 484.0	211 923.5	1 240.2	28 706.0	4.32%
2007	11 416.0	249 529.9	1 932.0	37 606.4	5.14%

资料来源：中经网统计数据库

从图 5-3 中看出：①1988～2007 年，房地产业总量增长对国内生产总值增长的平均贡献率达到 4.82%；②1988～2007 年，1998 年贡献率最高，为 9.46%；③2000～2007 年，房地产业总量增长对国内生产总值增长的贡献率基本稳定在 5%附近，不同于 2000 年以前贡献率的大幅度涨落；④相对其他产业，房地产业总量增长对国内生产总值增长的贡献程度较高，显现出支柱产业的一些特征，2000 年后贡献率比较稳定。房地产业成为国民经济增长的重要产业之一，房地产业在稳步推进国民经济发展中起到较为重要的作用。未来房地产业健康稳定发展是推动国民经济稳定增长的重要条件之一。

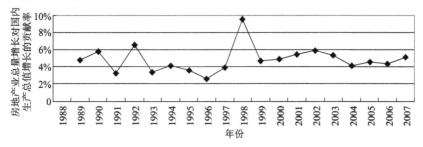

图 5-3　房地产业总量增长对国内生产总值增长的贡献率

2）房地产投资对国内生产总值增长的影响

表 5-2 显示的是房地产开发投资额增加值对国内生产总值增长的贡献率。从表5-2 中可以看出，从 1998 年开始，房地产开发投资额迅速增长，2005 年为 15 909.2 亿元，2006 年为 19 422.9 亿元，2007 年达到 25 279.7 亿元。1989～2007 年，房地产开发投资额增加值对国内生产总值增长的贡献率有 2 年是负值，即 1990 年的 –1.16%和 1997 年的–0.49%；1993 年和 2001～2007 年房地产开发投资额增长非常强劲，1993 年贡献率为 14.34%，2001～2007 年房地产开发投资额增加值对国内生产总值增长的贡献率均超过 10%，其中，2007 年达到最大值 15.57%。

表 5-2　房地产开发投资额增加值对国内生产总值增长的贡献率

年份	房地产开发投资额/亿元	国内生产总值/亿元	房地产开发投资额增加值/亿元	国内生产总值增量/亿元	房地产开发投资额增加值对国内生产总值增长的贡献率
1988	257.2	15 042.8	—	—	—
1989	272.7	16 992.3	15.5	1 949.5	0.80%
1990	253.3	18 667.8	–19.4	1 675.5	–1.16%
1991	336.2	21 781.5	82.9	3 113.7	2.66%
1992	731.2	26 923.5	395.0	5 142.0	7.68%
1993	1 937.5	35 333.9	1206.3	8 410.4	14.34%
1994	2 554.1	48 197.9	616.6	12 864.0	4.79%

续表

年份	房地产开发投资额/亿元	国内生产总值/亿元	房地产开发投资额增加值/亿元	国内生产总值增量/亿元	房地产开发投资额增加值对国内生产总值增长的贡献率
1995	3 149.0	60 793.7	594.9	12 595.8	4.72%
1996	3 216.4	71 176.6	67.4	10 382.9	0.65%
1997	3 178.4	78 973.0	−38.0	7 796.4	−0.49%
1998	3 614.2	84 402.3	435.8	5 429.3	8.03%
1999	4 103.2	89 677.1	489.0	5 274.8	9.27%
2000	4 984.1	99 214.6	880.9	9 537.5	9.24%
2001	6 344.1	109 655.2	1 360.0	10 440.6	13.03%
2002	7 790.9	120 332.7	1 446.8	10 677.5	13.55%
2003	10 153.8	135 822.8	2 362.9	15 490.1	15.25%
2004	13 158.3	159 878.3	3 004.5	24 055.5	12.49%
2005	15 909.2	183 217.5	2 750.9	23 339.2	11.79%
2006	19 422.9	211 923.5	3 513.7	28 706.0	12.24%
2007	25 279.7	249 529.9	5 856.8	37 606.4	15.57%

资料来源：中经网统计数据库

房地产业开发投资的快速增长，促使房地产业上游和下游产业产品需求增加。房地产业投资对国民经济的带动作用主要有两个方面：一方面，国民经济产品需求的当期投资带动国民经济总量增长；另一方面，房地产投资带来本产业自身产出的增加，以及其他相关消费的增加，从而带动国内生产总值的增长。

5.1.2 经济增长与股票市场

1. 股票市场与经济增长互动机制的理论分析框架

中国改革开放以来，经济增长具有明显的制度改革效应和投资拉动的特点。中国股票市场的建立积极推动了市场经济体制改革，培养了人们的市场观念，为上市公司筹集了大量的资金，促进了经济增长。随着我国股票市场的完善和发展，股票市场的一些功能将会逐渐发挥出来，进一步积极推动经济增长，如促进技术进步、优化资源配置、改善企业治理结构、拉动投资和消费需求、降低信息不对称等（图5-4）。

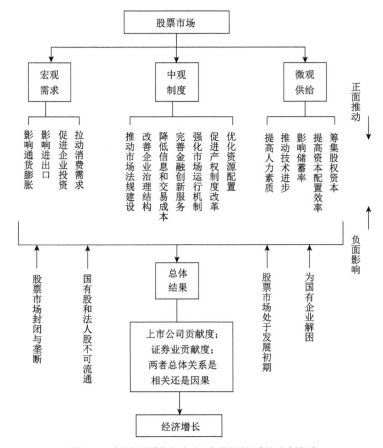

图 5-4　中国股票市场与经济增长关系的分析框架

　　从供给上看，股票市场可以通过调整储蓄和投资的比例、提高资本的边际社会生产率、改变储蓄率等，对经济增长产生影响。在资本配置上，当前中国上市公司的选择还不完全符合市场原则，资本的配置效率并不高。在技术进步上，从客观条件和内在需求角度来看，股票市场对上市公司起到一定的推动作用。从需求上看，持续良好的股票市场可以拉动消费，影响企业投资和进出口。

　　2. 股票市场促进经济增长

　　1) 股票市场与经济增长的理论模型

　　内生经济增长理论可以解释股票市场和经济增长之间的关系。内生经济增长理论兴起于 20 世纪 80 年代，由罗默（Romer，1986）和卢卡斯（Lucas，1988）提出。内生经济增长理论的基本观点是：经济增长是经济体系中内生因素作用的结果，而不是外部力量推动的结果；换言之，内生技术变化是经济增长的决定因素。

分析最简单的内生增长模型——AK 模型，其中，总产出是总资本存量的线性函数：

$$Y_t = AK_t \quad (5\text{-}1)$$

其中，Y_t 为总产出；K_t 为总资本存量；A 为资本的边际社会生产率。

式（5-1）有两个假设：①具有外部经济（external economies）。每个厂商面临着一种规模收益不变的技术，但是生产率是总资本存量 K_t 的增函数。②K_t 是物质资本和人力资本的加总，这两种类型的资本都以相同的技术被再生出来。

为简单起见，假设人口数量不变，经济只生产一种商品，商品可被用于投资或消费（如果被用于投资，每期以 δ 的比率折旧），那么，总投资 I_t 等于：

$$I_t = K_{t+1} - (1-\delta)K_t \quad (5\text{-}2)$$

在一个没有政府的封闭经济中，资本市场的均衡条件是：总储蓄 S_t 等于总投资 I_t。假设金融中介成本的存在使 $1-\varphi$ 比例的储蓄在金融中介过程中流失：

$$\varphi S_t = I_t \quad (5\text{-}3)$$

根据式（5-1）～式（5-3），并把储蓄率 S_t / Y_t 定义为 s，稳定状态下的经济增长率可写为

$$\begin{aligned}
g &= Y_{t+1} / Y_t - 1 = K_{t+1} / K_t - 1 = (K_{t+1} - K_t) / K_t \\
&= [I_t + (1-\delta)K_t - K_t] / K_t \\
&= (I_t - \delta K_t) / K_t = I_t / K_t - \delta \\
&= AI_t / Y_t - \delta = A\varphi S_t / Y_t - \delta = A\varphi s - \delta
\end{aligned} \quad (5\text{-}4)$$

股票市场可以通过以下方式影响经济增长：一是通过改变储蓄转化为投资的比例 φ；二是改变资本的边际社会生产率 A；三是改变储蓄率 s。

股票市场通过将储蓄转化为投资从而影响经济增长，在此过程中，金融部门为了维持自身的运转会吸收部分资源，因此，1 美元的储蓄只能产生不到 1 美元的投资，其比例为 φ。$1-\varphi$ 为中间的差额，以存贷利差的形式流向银行，以佣金、手续费等形式流向证券经纪人和交易商。如果股票市场的发展可以减少金融部门吸收的资源，那么就可以提高经济增长率。如前所述，股票市场可以通过其他方式提高资本的边际社会生产率 A，如收集信息优化资源配置、采取风险共担促进技术创新。此外，通过改变储蓄率，股票市场也可以影响经济增长，但是，从理论上来说，股票市场可以提高储蓄率，也可以降低储蓄率，因此，在这种情况下，股票市场对经济增长的作用并不确定。通过提高资源配置的效率，股票市场可以

促进经济增长，增加投资回报率，但从长期来看又会导致储蓄率下降。如果储蓄对整个经济有足够大的外部性，则股票市场的发展可能阻碍长期经济增长（Bencivenga et al., 1995）。

2）股票市场促进经济增长的途径

根据金融理论，通过股票价格的传导，货币政策可以影响相应的投资和消费支出，最终影响实体经济。股票价格的变化对实体经济的影响主要通过以下途径实现。

A. 托宾效应

早在 20 世纪 30 年代，凯恩斯就讨论了资本边际效率变化和利率之间的不一致性与投资有关，认为投资对资本存量的调整速度不足以使两者保持一致。詹姆斯·托宾（James Tobin）在分析货币与宏观经济产出水平的传递机制时，建立了股票价格和投资支出之间的关系理论，即托宾的 Q 理论。该理论认为，在金融市场上，资产价格的变动会影响上市公司市值，这将直接影响企业投资需求。根据这个理论，q 值是企业资产的市场价值（V）与现有资本存量重置成本（$P^I K$）的比值：

$$q = V / (P^I K)$$

q 值的上升被认为能够刺激投资，所以新的投资 I 是 q 的增函数：$I = f(q_t)$。实物资本的股票市场价值是新增投资的主要决策因素，q 值的变动将金融市场变动与投资等实际经济活动紧密联系起来。当股票价格上升时，q 值大于 1，企业资产的市场价值高于现有资本存量重置成本，从边际意义上说，市场股票价格增值大于相应的投资成本，这时投资者认为有利可图，就会扩大投资；当 q 值小于 1 时，情况正好相反。一般来说，q 值越大，投资率越高，而 q 值过小则会抑制投资活动。股票价格用 P 表示，经济增长用 Y 表示，股票市场影响经济的投资渠道可以描述如下：

股票价格 P↑（↓）→q 值↑（↓）→投资 I↑（↓）→经济增长 Y↑（↓）

B. 财富效应

股票市场的财富效应是指股票市场对消费的财富效应，即金融资产（主要指股票）价格变动会引起资产所有者实际财富存量的变化，从而影响居民消费变化和宏观经济增长变化。早期的凯恩斯消费函数理论只考虑了当期收入影响消费支出，居民消费是当期收入的函数。将财富积累和预期收入因素引入消费函数，可以根据莫迪利亚尼的生命周期假说和弗里德曼的持久收入假说来解释财富效应。居民的消费支出不是仅取决于目前的收入，而是由其生命周期内的总财富（总收入）决定的。总财富包括人力资本、真实资本和金融财富。金融财富的主要构成部分是普通股股票。一般说来，在其他收入一定时，股票价格上涨，金融财富和总财富就会增加。如果股票市场继续稳定增长，消费者心理上产生预期，将股票收入由临时收入转为持久收入，从而增加当前和未来的消费，刺激总需求和总产出增长。财富效应渠道可表示为

股票价格 $P\uparrow(\downarrow)\rightarrow$财富$W\uparrow(\downarrow)\rightarrow$消费$C\uparrow(\downarrow)\rightarrow$经济增长$Y\uparrow(\downarrow)$

C. 资产负债表效应

由于信贷市场上信息不对称，股票市场可以通过股票价格对公司资产负债表的影响来刺激实体经济。当股票价格上涨时，公司财富升值，在公司资产负债表上，显现出净资产价值增加，这时公司可用于融资的抵押品价值上升，公司借款能力增强。由此促进了银行贷款的发放，扩大了社会信用总量，间接地增加了企业投资支出，从而扩大了总产出。当股票价格下跌时，公司资产负债状况变差，资产价值下降，这时贷方认为企业净值下降，发生逆向选择与道德风险的可能性变大。因此，贷款人将收紧贷款，从而影响企业投资与总需求的变化。资产负债表效应渠道可以表示为

股票价格 $P\uparrow(\downarrow)\rightarrow$公司净值$\uparrow(\downarrow)\rightarrow$贷款$L\uparrow(\downarrow)\rightarrow$投资$I\uparrow(\downarrow)\rightarrow$经济增长$Y\uparrow(\downarrow)$

D. 流动性效应

流动性效应理论认为，当企业和居民选择持有资产时会考虑流动性要求。一般情况下，耐用品和住房流动性较差，当资产所有者出现财务困难必须变卖这些资产时，却很难快速收回其价值；但是，股票、基金、债券等金融资产则很容易出售。当股票价格上升时，资产持有人的股票等金融资产大幅度升值，他们认为出现经济困难的可能性大大降低，于是可能增加耐用品和住房支出，从而刺激总需求和总产出的扩张；反之亦然（王慧霞，2008）。流动性效应渠道可表示为

股票价格 $P\uparrow(\downarrow)\rightarrow$金融资产价值$Fa\uparrow(\downarrow)\rightarrow$耐用品住房$Cd\uparrow(\downarrow)\rightarrow$经济增长$Y\uparrow(\downarrow)$。

3. 经济增长促进股票市场的发展

图 5-5 显示了 1998~2008 年的上证综合指数与国内生产总值增长率的季度数据。从图 5-5 中可以看出，1998~2008 年，国内生产总值增长率总体呈上升趋势，2008 年受全球金融危机的影响出现下降趋势。在此期间，上证综合指数的波动幅度较大，其中，2001 年出现波峰，2007 年上证综合指数快速上涨，随后在 2007 年底下降。从总体上来看，上证综合指数和国内生产总值增长率的变化并不一致。

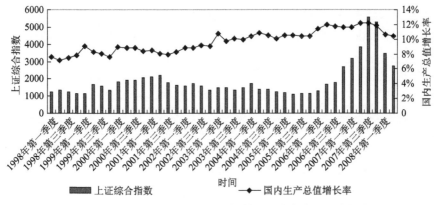

图 5-5　1998～2008 年上证综合指数与国内生产总值增长率

　　股票市场与实体经济的关系反映了虚拟经济与实体经济的关系。实体经济是股票市场的基础,体现在以下两方面:一方面,股票市场产生的基础是实体经济。股票直接来自社会化大生产服务的融资行为,股票市场的产生和发展是经济发展的必然产物。另一方面,从长期来看,实体经济周期决定了股票市场周期的运行。虽然某些非经济因素能暂时影响股票市场的中期和短期走势,但不能改变股票市场的长期走势。利润和利率在根本上决定了股票价格,而决定利润和利率的根本因素是实体经济的运行状况。即使是在开放条件下,国际资本在金融市场间流动的根本依据仍然是一国的实体经济形势。

　　实体经济活动总量通常采用国内生产总值作为主要指标,其可以反映一个国家某个时期的经济状况。持续稳定的国内生产总值增长表示国民经济发展状况良好,制约经济发展的各种矛盾趋于协调,人们对未来经济有着良好预期。在此情况下,国家经济结构趋向合理水平,市场活跃度高,社会总需求与总供给保持协调增长,供给和需求旺盛,社会资源得到充分利用。随着整体经济的增长,公司利润随之上升,经营环境得到改善,人们预期公司红利和股息继续稳定增长,使得股票价格上涨。同时,随着国内生产总值的持续增长,国民收入有所提高,推动消费和投资需求,使得股票市场需求上升,股票价格上涨。

　　相反,如果国内生产总值的增长处于不稳定的非均衡状态,更甚者处于紧缩态势,则表明经济发展中的矛盾有可能被激化,从而产生经济衰退。因此,国内生产总值增长是否促进了股票市场的同步增长,关键取决于经济结构与经济增长方式的合理程度及其他宏观经济条件。但是,股票市场是虚拟资本市场,实体经济的增长是其发展的根本动力。如果股票市场脱离实体经济,会呈现泡沫性繁荣,其最终将由于失去价值支撑而破裂。所以从长远来看,实体经济决定股票市场的发展,股票市场的发展水平应与实体经济的运行状况相一致。(崔尧,2007)表 5-3 中列出了 1992～2007 年股票市价总值与国内生产总值的比值。从表 5-3 中可知，经过股权分置改革后，股票市价总值与国内生产总值的比值由 2005 年的 0.177 上升到 2006 年的 0.422。2007 年高达 1.311，说明 2007 年我国股票市价总值与国内生产总值相比增长过快，存在一定泡沫风险。

表 5-3　股票市价总值与国内生产总值的比值

年份	股票市价总值/亿元	股票流通市值/亿元	国内生产总值/亿元	股票市价总值÷国内生产总值
1992	1 048	—	26 923.5	0.039
1993	3 531	862	35 333.9	0.100
1994	3 691	969	48 197.9	0.077
1995	3 474	938	60 793.7	0.057
1996	9 842	2 867	71 176.6	0.138
1997	17 529	5 204	78 973.0	0.222
1998	19 506	5 746	84 402.3	0.231
1999	26 471	8 214	89 677.1	0.295
2000	48 091	16 088	99 214.6	0.485
2001	43 522	14 463	109 655.2	0.397
2002	38 329	12 485	120 332.7	0.319
2003	42 458	13 179	135 822.8	0.313
2004	37 056	11 689	159 878.3	0.232
2005	32 430	10 631	183 217.5	0.177
2006	89 404	25 004	211 923.5	0.422
2007	327 140	93 064	249 529.9	1.311

5.2　房地产市场、股票市场与通货膨胀之间的关系

5.2.1　通货膨胀与房地产市场波动

在国际上，居民消费价格指数（consumer price index，CPI）常被用作反映通货膨胀（或通货紧缩）程度的重要指标。CPI 是反映一段时间内居民消费价格走势和变动程度的相对数。从图 5-6 可以看出，1998 年第一季度至 2008 年第一季度，中国房地产销售价格指数与 CPI 的波动基本一致，两者之间的相关性较强。

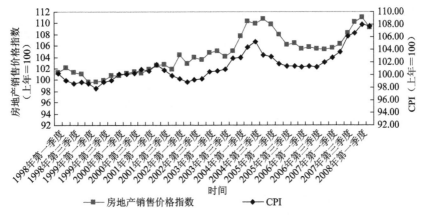

图 5-6　1998~2008 年房地产销售价格指数与 CPI 的季度数据（与上年同比）

　　房地产价格与通货膨胀率之间通过多种途径相互作用和影响。一是通过财富效应、托宾效应的传导，房地产价格上涨促进消费品价格上涨。二是通货膨胀率上涨通过许多方面影响房地产价格，如当生产成本（包括劳动力成本等）增加时，房地产价格会随着成本的增加而上升；当实际利率下降时，储蓄资金转而进入资本市场和房地产市场以获取更高收入，这时房地产的投资需求扩大；当房地产持有者真实财富缩水时，他们将降低消费与投资水平，随之房地产需求下降；等等。（洪涛和西宝，2008）

　　一般来说，通货膨胀率主要通过以下两个方式影响房地产的发展。

　　1. 通货膨胀率通过影响房地产名义价格和实际价值变化来影响房地产价格

　　房地产价格是总物价水平的重要组成部分，因此，通货膨胀率与房地产价格之间存在着明显的正向关系。以英国为例，1970~1992 年，通货膨胀持续高涨时，房地产价格（包括销售和租赁价格）年均增长率上涨达到 12.5%，房地产价格上涨了 13 倍，实际价值年均增长了 2.5%。一般情况下，当物价总水平上涨时，房地产名义价格也会随物价水平上涨，即使扣除通货膨胀因素后，房地产实际价值也相应上升；相反，当物价总水平下降时，房地产名义价格也会降低，尤其是扣除通货膨胀因素后，房地产实际价值明显减少。另外，通货膨胀率的变化会引起建设成本、经营成本和利率的变化，从而影响投资回报率。尤其是抵押贷款利率的变化与通货膨胀率的变化密切相关，时间上基本同步。当房地产市场较成熟时，长期租金一般直接与通货膨胀率相关，通货膨胀率上升会直接推动名义租金上涨，短期名义租金同时受供求关系和通货膨胀率的影响。所以，通货膨胀率的变化与房地产租金波动趋势紧密相关。

　　2. 通货膨胀率通过改变人们的消费和储蓄行为对房地产价格产生影响

　　托宾等提出通货膨胀会导致人们减少货币储蓄并增加投资。因为当价格上涨导致通货膨胀时，货币价值下降。房地产作为一种投资品和消费品，具有良好的保值和升值功能，因此，通常成为抵抗通货膨胀的有效壁垒。当通货膨胀率上升时，消费者和投资者宁愿持有房地产而放弃货币资产，从而房地产的投资需求增加。但是这种增加的需求并不是居民正常的生活需求，而是投机需求引起的，这与真实住宅需求有着本质的区别。当通货膨胀恢复正常时，房地产价格上升到一定程度后就会出现拐点。这时，房地产需求大幅下滑，而市场上房地产供给又很难在短期内迅速减少，导致市场上房地产供给大于需求，房地产价格进一步下跌，致使房地产的名义价格和真实价值呈下降趋势。（胡胜和刘旦，2007）

5.2.2　通货膨胀与股票市场波动

图 5-7 显示了 1998～2008 年上证综合指数与 CPI 的变化情况。从图 5-7 中可看出，1998～2002 年上证综合指数与 CPI 的变动一致；2003～2006 年，上证综合指数与 CPI 的变化基本一致，但 CPI 的变动幅度大于上证综合指数的变动幅度。而从 2006 年下半年开始，上证综合指数的变动幅度远远大于 CPI。图 5-7 说明，从总体上来看，上证综合指数与 CPI 变化方向一致，但不同时期两者的变动幅度不同。

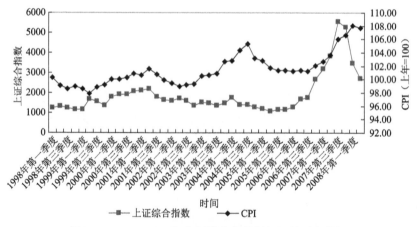

图 5-7　1998～2008 年上证综合指数与 CPI 的季度数据

一般而言，通货膨胀既影响居民当前的决策，又影响他们对通货膨胀的预期。当通货膨胀发生时，货币贬值，使得居民进一步预期通货膨胀，于是居民用货币去购买商品以期保值，包括股票，从而增加了对股票的需求；另外，当通货膨胀发展到一定阶段，政府通常会为控制通货膨胀的发展，采取紧缩的财政政策和货币政策，使得利率上升。这时，企业为了筹措资金，会选择发行股票，因此，股票市场的供给增加。在股票市场上，如果需求的增长大于供给的增长，则股票价格就与通货膨胀率之间呈现正相关关系；反之，如果股票市场需求的增长小于供给的增长，则股票市场价格就与通货膨胀率之间呈现负相关关系。因此，通货膨胀率对股票价格的影响无法确定。（曾志坚和江洲，2007）

（1）在良性通货膨胀下，适度的通货膨胀对股票市场具有一定的推动作用。主要有三个原因：①在通货膨胀初期，温和的通胀刺激经济增长和推动上市公司的业绩增长，从而促进了股票价格上涨；②发生通货膨胀时，市场上流通的货币增多，必然会有部分货币流入股票市场，造成股票市场资金量增加，股票市场的需求扩大，从而促进股票价格上涨；③因为通货膨胀是整个社会物价普遍上涨而形成的，所以在物价全面上涨的背景下，上市公司的资产也随之上涨，而上市公司资产的增值必然会促进公司股票价格的上涨。

（2）当高通货膨胀发生时，过度的通货膨胀阻碍了股票市场的发展。主要有三个原因：①高通货膨胀导致企业成本上升，使得上市公司经营困难，公司股票价格下跌；②高通货膨胀必然导致宏观调控政策的逆转，政府将采取严厉的从紧政策治理通货膨胀，政策不仅影响经济发展，也可能引起股票价格的下跌；③高通货膨胀导致实际负利率，促使银行不断上调利率，导致企业资金和股票市场资金减少，当利率提高到一定程度时，可能引起股票价格下跌。

（3）当处于通货膨胀下滑的初期阶段时，由于通货膨胀仍处于高位，依然存在对股票市场的负面影响。同时，由于管理层对通货膨胀反弹的担心，仍继续采取从紧的政策，这也会引起股票市场继续下滑。

（4）当通货膨胀处于连续下滑阶段时，一方面，由于管理层会担心通货膨胀率较低甚至出现负通货膨胀，宏观调控从紧缩政策向宽松政策转变；另一方面，名义利率与实际利率相差较大，使得银行利率不断下调，从而对股票市场可能起到较大的推动作用。（贺强，2007）

5.3　房地产市场、股票市场与货币供应量之间的关系

5.3.1　房地产市场与货币供应量的关系

货币政策是政府调控经济、刺激或收缩经济的重要政策工具。在我国，货币供应量仍然是货币政策的中间目标。货币供应量是指某个时点上全社会承担流通和支付手段的货币存量。目前，我国将货币供应量分为三个层次：一是流通中的现金（M0），即在银行体系外流通的现金；二是狭义货币供应量（M1），即 M0加上企事业单位活期存款；三是广义货币供应量（M2），即 M1 加上企事业单位定期存款、居民储蓄存款和其他存款。

　　图5-8显示了1998～2008年我国房地产销售价格指数与货币供应量（M2）[①]的变化情况。图5-8中显示，2002～2008年，货币供应量波动一般先于房地产销售价格指数波动一年或一年半左右。

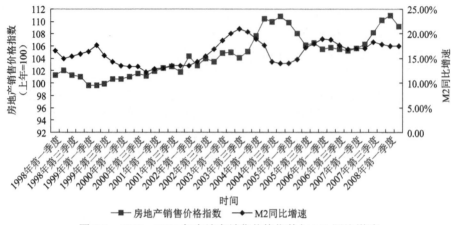

图5-8　1998～2008年房地产销售价格指数与M2同比增速

　　在二级银行体制下，中央银行通过使用公开市场操作、再贴现、再贷款和法定存款准备金等货币政策工具来调整货币供应量，通过改变商业银行的准备金和存款，进而影响银行的贷款供给能力。银行贷款能力的变化将决定住房贷款的可获得性，从而调整房地产的需求，导致房地产价格的相应变化。因此，货币政策影响房地产价格的信贷方式可以表示为：当中央银行采取扩张性货币政策时，如增加再贷款、买入有价证券、降低再贴现率和法定存款准备金率等货币政策，以此增加货币供应量，则商业银行的准备金和存款随之增加，其发放贷款的能力提高，住房贷款增加，从而增加了房地产的需求，导致房地产价格上涨，即

　　货币供应量↑→住房贷款↑→房地产需求↑→房地产价格↑

　　反之，当中央银行采取紧缩性货币政策时，如减少再贷款、卖出有价证券、提高再贴现率和法定存款准备金率来减少货币供应量，商业银行的准备金和存款将随之减少，其贷款能力下降，住房贷款减少，从而降低了房地产的需求，导致房地产价格下滑，即

　　货币供应量↓→住房贷款↓→房地产需求↓→房地产价格↓（胡胜和刘旦，2007）

5.3.2　股票市场与货币供应量的关系

　　货币供应量是一个国家中央银行编制和公布的主要经济指标之一。货币供应

---

　　① 本书中M2所表示的"货币供应量"，就是经济学中的"广义货币供应量"。

量的实际数量及其变化是国家制定货币政策的根据。许多经济学家对股票价格与货币供应量的关系都有所讨论。从理论上来说，货币供应量的变化可以通过一定的传导机制来影响股票价格。当中央银行通过购买公开市场业务或销售债券来调整货币供应量时，开始会影响到政府债券市场，随后影响公司债券和普通股股票市场，最终将影响实体市场。所以，货币供应量的变化首先会影响金融市场，随后才影响实体经济。图 5-9 显示了 1998～2008 年上证综合指数与货币供应量（M2）的数据变化。从图 5-9 中可以看出，由于股票市场受政策影响较大，上证综合指数与货币供应量变化不完全一致。

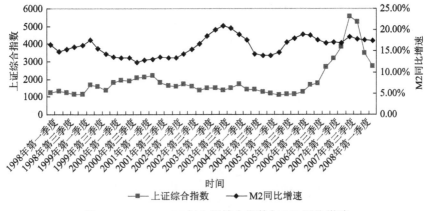

图 5-9　1998～2008 年上证综合指数与 M2 同比增速

一般来说，货币供应量的变化领先于股票价格的变化。货币供应量对股票价格的影响主要体现在三个方面。

（1）增加货币供应量可以增加流通中的现金流量，提高上市公司的贴现率，降低融资成本，促进生产，提高企业的未来预期收益，从而促进股票价格上涨。

（2）增加货币供应量促使市场上商品价格上涨，股份公司的销售收入和利润随之增加，使得以货币形式表现的股票红利有所上升，股票需求增加，股票价格相应上涨。

（3）持续增加货币供应量将导致通货膨胀，而通货膨胀通常会引起虚假的市场繁荣，形成企业利润普遍上升的虚假现象，人们为了保值，于是将货币投向贵重金属、不动产和短期债券，同时股票需求量也会增加，从而使得股票价格相应上涨。

另外，货币供应量的增加是因为国家实行扩张性的宏观经济政策，所以股票市场预期收益增加也会促使股票价格上涨。可以看出，货币供应量是影响股票价格走势的重要原因之一。（崔尧，2007）

5.4　房地产市场、股票市场与利率之间的关系

5.4.1　利率变动对房地产市场的影响

　　房地产业是资金密集型和劳动密集型产业，房地产开发和销售需要银行作为中介进行资金融通，由于利率是资金的价格，利率的变动必然影响房地产的供给和需求，从而引起房地产价格的波动。图 5-10 显示了 1998～2008 年我国房地产销售价格指数与银行间同业拆借加权平均利率的变化。从图 5-10 中可看出，2000年后房地产销售价格指数与银行间同业拆借加权平均利率的变动呈反向关系。

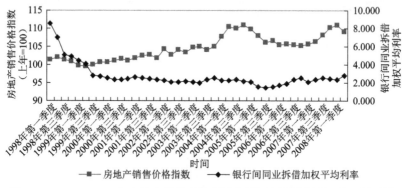

图 5-10　1998～2008 年房地产销售价格指数与银行间同业拆借加权平均利率

　　房地产业是资金密集型产业，其供给和需求都需要银行贷款，因此，被称为"第二金融"。在房地产供给方面，当利率下降时，由于资金成本降低，房地产开发投资和房地产抵押贷款纷纷涌向房地产业，促使房地产价格持续上升。例如，日本广场协议导致其利率急剧下降，在超低利率的背景下，日本国内泡沫经济空前膨胀。1985 年之后，日本六大城市土地价格每年上涨两位数，1987 年住宅用地价格竟上涨了 30.7%，商业用地价格上涨了 46.8%。在房地产需求方面，由于房地产价格高，消费者不能一次性付款购买，而采用住房抵押贷款的方式购买房地产。住房抵押贷款是消费者将其所购买的住房进行抵押，向住房公积金管理中心或金融机构申请购房贷款，按贷款合同在一定期限内等额偿还本金和利息的贷款方式。因此，利率的变化将影响购房者偿还贷款的利息额和还贷成本，使部分消费者进入或退出房地产市场，从而影响房地产需求，并影响房地产价格，房地产价格与利率在经济上呈负相关关系。（胡胜和刘旦，2007）两者的关系可表示如下：

　　利率↑（↓）→住房贷款成本↑（↓）→房地产需求↓（↑）→房地产价格↓（↑）

5.4.2　利率变动对股票市场的影响

利率是货币的价格，是投资者和消费者持有货币的机会成本，也是社会货币流通量的平均成本。利率政策是中央银行调控社会货币流通量的主要工具，是货币政策的重要内容。利率的上升和下降显示了国家宏观经济政策的趋势。在理论上，股票价格=股息÷利率，因此，利率是影响股票价格的重要因素之一，利率变动将影响股票市场资金的流动方向。一是利率水平的变化将影响企业的融资成本，通过降低利率可以减少企业的利息支出，增加企业利润，同时可以减少货币的持有成本，影响居民的金融资产结构，促进居民将储蓄转化为投资，这样使流通中的现金流量增加，从而推动股票价格上升。二是利率变动将影响市场中企业经营环境，改变企业的经营业绩，使企业资本价值及投资者预期发生变化，股票价格也随之发生变化。利率下降说明社会资金相对充足，充足的资金刺激了企业的投资需求，影响企业的生产经营状况，对企业利润产生影响，使企业拥有较为充足且成本较低的资本，企业经营顺利，经营风险减少，增加了企业未来的股息收入与派发能力，促进股票价格上涨。三是对投资者来说，尤其对靠银行贷款进行股票抵押买卖或实行保证金买卖的短期股票交易者来说，利率下降会带来较大的影响。利率下降可以降低交易成本，增加股票短期需求，促使股票价格上升；反之，如果利率上调，则会引起股票价格下跌（崔尧，2007）。图 5-11 显示了 1998～2008 年上证综合指数与银行间同业拆借加权平均利率之间的趋势，可以看出两者呈反向关系。表 5-4 显示了 1993～2008 年利率调整后股票市场的表现。

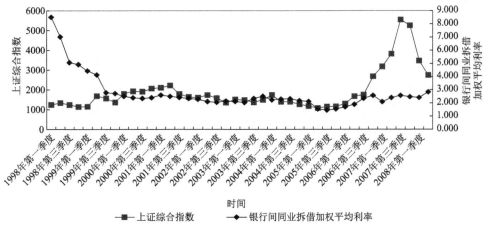

图 5-11　1998～2008 年上证综合指数与银行间同业拆借加权平均利率

表 5-4　中央银行历次调整利率时间及调整后股票市场表现

次数	调整时间	调整内容	公布第二个交易日股票市场表现（上证综合指数）
1	1993 年 5 月 15 日	各档次定期存款年利率平均提高 2.18%；各项贷款利率平均提高 0.82%	下跌 2.35%
2	1993 年 7 月 11 日	一年期定期存款利率由 9.18%上调到 10.98%	下跌 2.65%
3	2004 年 10 月 29 日	一年期存、贷款利率均上调 0.27%	下跌 1.58%
4	2005 年 3 月 17 日	提高了住房贷款利率	下跌 0.96%
5	2006 年 4 月 28 日	金融机构贷款利率上调 0.27%	上涨 1.66%
6	2006 年 8 月 19 日	一年期存、贷款基准利率均上调 0.27%	上涨 0.20%
7	2007 年 3 月 18 日	上调金融机构人民币存贷款基准利率 0.27%	上涨 2.87%
8	2007 年 5 月 19 日	一年期存款基准利率上调 0.27%；一年期贷款基准利率上调 0.18%	上涨 1.04%
9	2007 年 7 月 20 日	上调金融机构人民币存贷款基准利率 0.27%	上涨 3.81%
10	2007 年 8 月 22 日	一年期存款基准利率上调 0.27%；一年期贷款基准利率上调 0.18%	上涨 1.49%
11	2007 年 9 月 15 日	一年期存款基准利率上调 0.27%；一年期贷款基准利率上调 0.27%	上涨 2.06%
12	2007 年 12 月 20 日	一年期存款基准利率上调 0.27%；一年期贷款基准利率上调 0.18%	上涨 1.15%
13	2008 年 9 月 16 日	一年期贷款基准利率下调 0.27%	下跌 2.90%
14	2008 年 10 月 9 日	一年期存贷款基准利率下调 0.27%	下跌 3.57%
15	2008 年 10 月 30 日	一年期存贷款基准利率下调 0.27%	上涨 2.55%
16	2008 年 11 月 26 日	一年期存贷款基准利率下调 1.08%	上涨 1.05%
17	2008 年 12 月 22 日	一年期存贷款基准利率下调 0.27%	下跌 4.56%

资料来源：部分数据来自《央行历次调整利率时间及调整后股市表现一览》，http://finance.sina.com.cn/stock/data/20081008/19275368762.shtml，2008 年 10 月 8 日

5.5　房地产市场、股票市场与汇率之间的关系

汇率（exchange rate）也被称为汇价，是外汇的买卖价格，是本国货币与外国货币折算和兑换的标准。汇率有两种标价方法：直接标价法和间接标价法。直接标价法是以一定单位的外国货币为标准来计算应兑换若干单位的本国货币。例如，

1 美元等于 6.8962 人民币。间接标价法是以一定单位的本国货币为标准来计算应兑换若干单位的外国货币，如 1 人民币等于 0.1450 美元。通常情况下，人们习惯采用直接标价法来表示汇率。当以直接标价法计算时，汇率升降与本国货币对外国货币价值的高低呈相反方向变化。即当汇率上升时，人民币则贬值。用直接标价法表示汇率上升，如当 1 美元等于 6.8962 人民币上升为 1 美元等于 7 人民币，这时人民币就贬值了；反之，如果汇率下降，如当 1 美元等于 6.8962 人民币下降为 1 美元等于 6 人民币，则表示人民币升值了。通常在宏观经济分析中，一美元兑换某国货币汇率下降了，表明该国货币升值。

　　当某个国家或地区的货币存在升值压力或货币持续升值时，如果在本国货币升值前把外国货币换成本国货币，只要本国货币升值，投资者就能获得与升值幅度相应的收益（把本国货币兑成外国货币即可兑现该收益），投资者就会追逐该国资产。其中，股票和房地产是最具有吸引力的资产，通过股票和房地产，投资者不仅能获得货币升值收益，同时还能获得股票、房地产自身的增值收益。这将导致大量资金进入股票市场和房地产市场，从而推动股票价格和房地产价格上涨，同时，进一步吸引市场资金，促使股票价格和房地产价格进一步上涨，最后导致泡沫经济。（杨帆，2005）

5.5.1　汇率变动对房地产市场的影响

　　一般来说，如果本国资产的投资回报率比其他国家资产的投资回报率高，本国的市场就会吸引海外的资金进入股票、房地产及其他投资市场等领域。这种资金流入市场后，市场上需求增加，推动本国资产价格上涨，本国投资回报率下降直到接近海外投资回报率时才达到平衡。如果在海外进行房地产投资，投资者既要考虑当地房地产的价格和收益率，还要考虑到汇率这个因素。假设日本人想在中国香港投资房地产，则首先将日元兑换成港元，而当房地产出售后，又需要将获得的房款兑换成日元。因此，在海外投资时，投资者需要承担汇率变动的风险。（张红，2007）

　　房地产业关联带动性强，因此，在国民经济发展中有着特殊的地位。近年来房地产业的快速发展、房地产价格的迅速上涨及美国的次贷危机等问题都让人们格外关注房地产市场。房地产业是资金密集型产业，具有高投资、高回报的特点，同时房地产市场具有区域性和流动性，因此，房地产成为国内外游资重点关注的市场。（韩立达和徐海鑫，2005）图 5-12 显示了 1998~2008 年我国房地产销售价格指数与美元兑人民币汇率的变化。图 5-12 中可以看出，从 2005 年下半年开始，伴随着人民币升值，部分外来资金流入中国房地产市场，强劲的国内和国际需求，推动我国房地产价格在 2007 年迅速上涨。2006~2007 年，人民币汇率的变化对我国房地产市场有着重要影响。

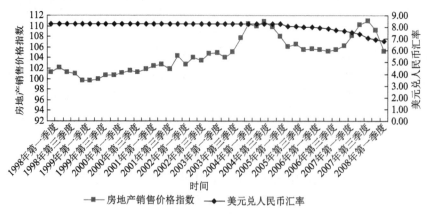

图 5-12　1998～2008 年房地产销售价格指数（同比）与美元兑人民币汇率

1. 人民币汇率变动对我国房地产市场的直接影响

当两个国家利率水平和当前汇率水平维持不变，如果人们预期未来人民币贬值，以人民币表示的人民币预期投资收益率将比以人民币表示的外国货币预期投资收益率小，就会造成资本流出我国；如果人们预期未来人民币升值，以人民币表示的人民币预期投资收益率将比以人民币表示的外国货币预期投资收益率大，就会造成资本流入我国。当人民币预期投资收益率上升时，外商在我国境内投资就会增加，特别是增加人民币利润的再投资，短期内，外商投资企业将投资利润汇回本国的外汇流出量减少。另外，当预期人民币升值和美元大幅度贬值时，外商会增加在我国的投资，中国成为美元等其他外汇的投资地。大量外商投资者期望在人民币升值前进入中国房地产市场，在实现预期目标后，再出售房地产，获得房地产投资利润，同时获得超额的汇兑收益。多种因素决定外资是否进入中国房地产业，但其中人民币升值的预期是重要因素之一。

2. 人民币汇率变动与我国房地产市场的潜在风险

第一，人民币汇率变动与住房投资波动的关系。人民币汇率变动会影响外资流动：在人民币升值前，投资者增加对中国经济发展的良好预期，他们积极投资中国房地产市场，等到人民币升值达到某个程度，投资者在获得利润和超额汇兑收益后，由于成本增加，收益相对减少，于是回撤外资，投资大幅下降，这种由热到冷的变化会对房地产投资产生非常不利的影响。

第二，人民币汇率变动与住房消费波动的关系。在人民币升值预期的影响下，外资企业、个人的购房消费也会经历一个由热到冷的过程。人民币升值前，房地产需求旺盛，其销售量大幅上涨。人民币升值后，外资对房地产需求减少，房地产销售量大幅萎缩。外资对房地产的需求主要集中在中高档房市场，当人民币汇率变动时，引起房地产需求变化，尤其是中高档房消费产生明显波动，甚至影响整个房地产市场。

第三，人民币汇率变动与房地产价格波动的关系。房地产供给和需求的共同作用会引起房地产价格的波动。在人民币升值前，外资对房地产需求强劲，一些开发商会惜售部分房地产以期待其升值，当市场中其他因素不变时，房地产需求量增加，而供应量不变，由于供不应求，房地产价格则上涨；当人民币升值后，需求逐渐减少，若市场中其他因素不变时，房地产需求量减少，供应量增加，由于供大于求，房地产价格则下跌。（韩立达和徐海鑫，2005）

5.5.2 汇率变动对股票市场的影响

股票价格是股票的买卖价格，汇率是货币的交换价格，汇率和股票价格都是反映国民经济实力的重要指标（张璐璐，2007）。国外学者深入研究了汇率与股票价格之间的关系，在理论上，形成了两种理论模型，即汇率决定的流量导向模型和股票导向模型。汇率决定的流量导向模型认为存在由汇率（直接标价法）到股票价格的反向关系，如 Dornbusch 和 Fisher（1980）认为，通过影响一国经常账户国际收支平衡、居民的财富和支出，汇率的波动对公司的现金流和股票价格产生影响。股票导向模型认为存在着由股票价格到汇率（直接标价法）的正向关系。

作为重要的经济杠杆，汇率的走势对股票市场的影响可分为短期和长期两种：从短期来看，当预期本国货币升值时，热钱流入本国市场，使得股票价格上涨，由此吸引更多热钱流入市场，加大本国货币升值压力，引起本国货币贬值，热钱流出市场，股票价格大幅下挫；从长期来看，股票市场存在大起大落的系统风险，这不利于发挥股票市场融资资产配置、定价等功能，削弱了股票市场对经济发展的促进作用。这时，宏观经济增长的减退，股票市场对经济促进作用的减弱，都将影响作为股票市场主体的上市公司，从而影响整个股票市场的发展。图 5-13 反映了 1998～2008 年我国上证综合指数与美元兑人民币汇率的变化情况，可以看出，2005 年人民币开始升值，市场中流动资金逐渐增加，我国上证综合指数快速上涨，直到 2007 年 10 月才开始有所回落。

一般情况下，汇率的走势将对进出口贸易产生影响。当本国货币贬值时，汇率会促进出口而抑制进口。相对于他国货币，本国货币贬值，说明在他国可用比原汇率更少的货币购买本国产品，相当于出口产品价格下降，产品的国际竞争力增强，促进出口增加；相反，如果在这时候购买其他国家产品，则需要支付的本国货币比原汇率多，相当于他国产品价格上升，抑制进口需求。由此可知，汇率走势对股票市场的影响是多方面的。（张继定等，2008）

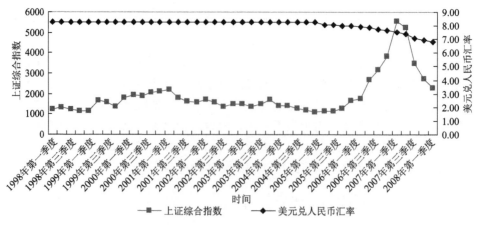

图 5-13　1998～2008 年上证综合指数与美元兑人民币汇率

（1）汇率与股票价格的关系。通过进出口水平、物价水平和国际资本流入与流出传导，汇率和投资相互作用。一国货币兑换另一国货币的汇率下降会促进该国出口，同时进口商品价格上升，从汇率下降中出口商将得到额外的利润，促使出口需求增加，推动在国内生产的消费品和原材料需求增加，从而促进国内投资的增加。但是，汇率下降后将对短期国际资本流动产生影响，因为投资者不愿意持有以贬值国货币计价的各种金融资产，所以会发生资本外逃的现象。这样，贬值后国内货币需求增加，资本出现外逃，本国货币供应量减少，从而政府实施扩张的货币政策，未来的预期收益增加，上市公司的预期利润也随之增加，从而促使股票市场繁荣。相反，如果汇率上升，则会促进进口而抑制出口，由于进口商品价格下降，国内的需求转向对进口商品的需求，国内的供给价格相对较高而没能转移到国外，国内生产的消费品和原材料需求随之下降，国内投资减少。同时，出口的减少，使国家外汇储备降低，国外的大量短期资金涌入，国内投资降低，国内产出和国内商品消费降低，出现大量闲置资金，导致通货紧缩，虽然这时上市公司的进口原材料价格下降，但国内外需求较少，从而公司业绩减少（当然也要考虑不同商品的汇率需求弹性），加上投资减少和股票投资者的预期收益降低，导致股票价格下跌。

（2）人民币升值对股票市场的影响。对于 A 股市场来说，人民币升值产生利好，但隐藏某些风险且会产生新的问题。当人民币升值，促进大量外来资金进入股票市场，有利于扩大市场资金，活跃 A 股市场，增强市场信心，从中长期来看，这将是一个极大的实质性利好。另外，人民币升值带动投资直接进入各行业，形成资本投入、购并和重组的热潮，这是人民币升值促进 A 股上涨的另一条途径，特别是市场上不断升值的预期进一步推动不断上扬的股票市场。但与此同时，人民币升值有可能成为影响股票市场发展的不稳定因素。中国股票市场正处在谨慎地逐步开放过程中，伴随着开放步伐的加快，中国股票市场与国际金融市场的关系将更加密切。预期人民币升值会吸引大量国际资本特别是投机资本，而在短期内，金融资本的流入会增加国内资本市场的资金供给，从而刺激股票价格上涨，但是，投机资本具有"快进快出"的特点，只要人民币升值的预期消减，就会导致资金撤离，这将对股票市场造成巨大冲击，增加市场剧烈波动的风险，也将使监管机构面临巨大压力。

对于沪、深 B 股市场，人民币升值可以使 B 股上市公司资产增值，有利于 B 股上市公司开展业务和提高盈利能力。人民币升值对沪、深 B 股的影响有所不同。由于深市 B 股和沪市 B 股分别以港币和美元计价，美元的走弱会减少沪市 B 股市值，投资者将面临系统性汇率风险造成的投资损失，使沪市 B 股投资者产生极大的心理不安。随着国内投资者逐渐成为 B 股市场的重要投资主体，人民币潜在的升值预期使多数投资者不愿以当前价格兑换美元投资 B 股市场，以避免人民币升值后给投资者的外汇资产带来损失。由于资金不足，沪市 B 股整体将不可避免地走弱。但是为缓解人民币升值压力，如果国家启动 B 股市场，选择人民币升值的长期性或 B 股投资的高收益将成为投资者对未来 B 股市场的博弈。香港短期资本活动频繁，尽管港币采取紧盯美元的联系汇率制，深市 B 股市场资金供给比沪市相对宽裕，当人民币升值时，香港汇率制度和港币币值的走势存在一定的不确定性。（张继定等，2008）

5.6　宏观经济变量对房地产价格、股票价格影响的实证研究

通过宏观经济变量的统计指标，可以全面系统地分析宏观经济变量对房地产价格、股票价格的影响，这些指标是描述、评价和分析宏观经济的重要工具。但是，在进行统计分析时这些宏观经济变量之间存在某种程度的内在联系和相关性，因此，统计指标所反映的信息在某种程度上有重叠，将使分析和计算比较麻烦与复杂，并影响分析效果。在反映经济现象的信息尽可能不减少的前提下，希望利用较少的几个互不相关的变量来反映整个经济现象。主成分分析将多个指标转化为少数综合指标，正是满足上述要求的一种多元统计方法。

5.6.1　主成分分析的基本原理

在主成分分析中，不区分独立变量和因变量，通过降维，把相互关联的多个变量转变为少数不相关的新变量，这些新变量被称作主成分。主成分是由原变量线性组合出来的几个互不相关且未失去任何信息的新变量，也被称为综合变量。各主成分可以由原变量的线性关系来表示，由各主成分的方差来测定各主成分包

含信息量的多少。主成分的方差越大，其包含的信息量越多。在主成分分析中，需要做出两个重要决定：一是在相关矩阵主成分分析法和协方差矩阵主成分分析法中，根据样本观测值的特点，选择其中一种分析方法；二是决定需要保留的主成分个数。（王大虎等，2006）

如果采用协方差矩阵主成分分析法，得出的结果通常对各变量的测量单位（量纲）太敏感。这意味着同一个经济过程，当各变量所选择的量纲不同时，其结果可能不同。这是因为变量的量纲和主成分方差的大小密切相关，因此不能反映主成分和各变量之间的真实相关性，导致错误的结论。在实际经济活动中，为了避免不同变量的量纲不同所带来的影响，往往对原始数据进行标准化处理，使每个变量的平均值为0，方差为1。其变换标准化的公式为

$$Z_i = \frac{X_i - \mu_i}{\sigma_i} \quad (i = 1, 2, \cdots, p) \tag{5-5}$$

由式（5-5）可知，标准化变量是原始变量的偏差（$X_i - \mu_i$）和原始变量的标准差（σ_i）之比，标准化变量的协方差矩阵等于原始变量的相关矩阵，即利用标准变量主成分分析，由协方差矩阵导出相关矩阵（协方差矩阵和相关矩阵相等）。每个标准化变量（Z_i）的方差均为1，所以 p 个标准化变量的方差之和等于 p。

$$\sum_{i=1}^{p} V(Z_i) = p \tag{5-6}$$

故只要求相关矩阵的特征根和特征向量即可。分析相关矩阵主成分时，一般保留的特征值大于0.7。相关矩阵的主成分可按式（5-7）计算。

$$C_i = e_i Z = e_{1i} Z_1 + e_{2i} Z_2 + \cdots + e_{\pi i} Z_p \tag{5-7}$$

第 i 个主成分的贡献率（$C_{i贡献}$）和第 m 个主成分的累计贡献率（$C_{m贡献}$）分别为

$$C_{i贡献} = \lambda_i / p$$

$$C_{m贡献} = \sum_{i=1}^{m} \lambda_i \Big/ p$$

5.6.2　宏观经济变量对房地产价格、股票价格影响的实证研究

宏观经济是一个复杂的系统，宏观经济变量有很多，在综合考虑各变量的实际经济意义，总结他人的理论成果的基础上，确定以下几个宏观经济变量：①国内生产总值（GDP）；②货币供应量（M2）；③CPI；④银行间同业拆借加权平均利率

（RA）；⑤汇率（EX）。另外，在股票价格方面，上证综合指数和深证综合指数波动方向基本一致，因此，选取上证综合指数（SP）作为分析指标；房地产价格数据选取商品房销售价格（RP）作为分析指标。采样时段为 1998 第一季度到 2008 年第三季度数据，所用数据均来自中经网统计数据库。表 5-5 显示了数据的基本特征。

表 5-5　变量均值、标准差、总和、最小值、最大值（$N=43$）

变量	均值	标准差	总和	最小值	最大值
SP	1 843.000 00	839.514 50	79 239.000 00	1 046.000 00	4 932.000 00
RP/元	2 637.000 00	509.211 46	113 380.000 00	1 942.000 00	3 670.000 00
GDP/亿元	83 946.000 00	50 672.000 00	3 609 694.000 00	17 414.000 00	217 304.000 00
M2/亿元	639 235.000 00	264 668.000 00	27 487 085.000 00	274 876.000 00	1 144 307.000 00
CPI	102.497 91	6.249 20	4 407.000 00	95.850 00	118.400 00
RA	1.221 16	3.199 64	52.510 00	−5.630 00	8.220 00
EX	8.082 81	0.381 90	347.560 70	6.830 50	8.279 30

注：本表中数据都经过处理，即消除了通货膨胀的影响

为了分析清楚七个变量之间的相关关系，将七个变量的数据进行相关分析，可得相关系数表（表 5-6）。

表 5-6　相关系数矩阵及显著性检验

变量	SP	RP	GDP	M2	CPI	RA	EX
SP	1.000 00	0.507 71**	0.343 89*	0.484 21**	0.564 67**	−0.504 21**	−0.598 47**
p 值		0.000 5	0.024 0	0.001 0	<0.000 1	0.000 6	<0.000 1
RP	0.507 71**	1.000 00	0.456 42**	0.954 14**	0.860 82**	−0.758 73**	−0.732 32**
p 值	0.000 5		0.002 1	<0.000 1	<0.000 1	<0.000 1	<0.000 1
GDP	0.343 89*	0.456 42**	1.000 00	0.570 74**	0.490 75**	−0.476 07**	−0.447 79**
p 值	0.024 0	0.002 1		<0.000 1	0.000 8	0.001 3	0.002 6
M2	0.484 21**	0.954 14**	0.570 74**	1.000 00	0.897 76**	−0.846 95**	−0.789 74**
p 值	0.001 0	<0.000 1	<0.000 1		<0.000 1	<0.000 1	<0.000 1
CPI	0.564 67**	0.860 82**	0.490 75**	0.897 76**	1.000 00	−0.765 12**	−0.933 26**
p 值	<0.000 1	<0.000 1	0.000 8	<0.000 1		<0.000 1	<0.000 1
RA	−0.504 21**	−0.758 73**	−0.476 07**	−0.846 95**	−0.765 12**	1.000 00	0.653 92**
p 值	0.000 6	<0.000 1	0.001 3	<0.000 1	<0.000 1		<0.000 1
EX	−0.598 47**	−0.732 32**	−0.447 79**	−0.789 74**	−0.933 26**	0.653 92**	1.000 00
p 值	<0.000 1	<0.000 1	0.002 6	<0.000 1	<0.000 1	<0.000 1	

*表示在 0.05 水平下显著，**表示在 0.01 水平下显著

从表 5-6 可以看出，SP、RP 与 GDP、M2、CPI、RA、EX 高度相关，GDP、M2、CPI、RA、EX 之间存在着严重的多重共线性。由于本节分析的是宏观经济变量对房地产价格和股票价格的影响，而宏观经济变量之间相关系数又是错综复杂的，任何两个变量之间都存在简单的线性关系，而且这种相关关系还存在由其他变量变化所带来的影响。因此，采用主成分分析法可以解决多重共线性问题，即在不损失或损失很少原有信息的前提下，将上述若干个个数较多且彼此相关的因素转化为新的、个数较少并且彼此独立或不相关的综合因素。

表 5-7 是计算样本相关矩阵的特征值结果。样本相关矩阵的特征值（主成分方差）越大，主成分对情报的解释力越强。从表 5-7 看出，第一特征值的贡献率已经达到 76.03%，故只保留第一主成分。

表 5-7　GDP、M2、CPI、RA、EX 相关系数矩阵的特征值及贡献率

主成分	特征值	差异	贡献率	累计贡献率
1	3.801 275 20	3.139 685 36	0.760 3	0.760 3
2	0.661 589 84	0.277 763 92	0.132 3	0.892 6
3	0.383 825 92	0.268 545 79	0.076 8	0.969 4
4	0.115 280 14	0.077 251 24	0.023 1	0.992 5
5	0.038 028 90	0.007 6	0.007 5	1.000 0

分别将股票价格、房地产价格与五个主成分做回归分析，结果如表 5-8 所示。

表 5-8　SP、RP 与五个主成分回归结果

变量	SP				RP			
	参数估计值	t 值	p 值	显著性	参数估计值	t 值	p 值	显著性
截距	1 842.759 30	17.49	<0.000 1	**	2 636.743 26	127.13	<0.000 1	**
Prin1	249.036 71	4.56	<0.000 1	**	229.739 13	21.34	<0.000 1	**
Prin2	−68.149 47	−0.52	0.606 1	N	−79.285 08	−3.07	0.004 0	**
Prin3	122.117 13	0.71	0.482 3	N	−84.550 08	−2.50	0.017 1	*
Prin4	−580.945 83	−1.85	0.072 2	N	554.301 40	8.97	<0.000 1	**
Prin5	−162.936 33	−0.30	0.767 3	N	−35.223 56	−0.33	0.745 3	N
F、R 检验	F 值为 5.01 p 值为 0.001 3		R^2= 0.403 6 AdjR^2= 0.323 0		F 值为 110.35 p 值为<0.000 1		R^2= 0.937 2 AdjR^2= 0.928 7	

注：*表示在 0.05 水平下显著，**表示在 0.01 水平下显著，N 表示不显著

从表 5-8 中主成分回归结果得知，股票价格、房地产价格与第一主成分线性关系显著，回归效果良好。

股票价格、房地产价格与 GDP、M2、CPI、RA、EX 五个宏观经济变量的主

成分回归结果（标准化）如下：

$$SP=5.9308\times10^{-16}+0.099\,23\times GDP+0.145\,11\times M2+0.145\,31\times CPI$$
$$-0.132\,18\times RA-0.136\,04\times EX$$

$$RP=2.4331\times10^{-15}+0.150\,92\times GDP+0.220\,69\times M2+0.221\,01\times CPI$$
$$-0.201\,04\times RA-0.206\,90\times EX$$

由此可以看出，股票价格与 GDP、M2、CPI 呈正相关关系，即 GDP、M2、CPI 上升或下降，则股票价格上涨或下跌；而股票价格与 RA、EX 呈负相关关系，即 RA 和 EX 升高或降低，则股票价格下降或上涨。同时，房地产价格和五个宏观经济变量的关系与股票价格和五个宏观经济变量的关系一致。

结果显示，宏观经济变量对股票价格、房地产价格有一定的影响，而且对两者的影响具有同方向性。当前房地产和股票逐渐成为我国居民的主要投资产品，政府运用经济手段进行宏观调控时，会同时影响两个市场。因此，政府在进行宏观调控时，应根据宏观经济变量对房地产市场、股票市场的影响，有效地确定调控手段、力度和方向。

第6章　房地产市场与股票市场的资金关联

6.1　房地产市场、股票市场与银行贷款

6.1.1　房地产市场与银行贷款的相关性分析

银行贷款是房地产业重要的资金来源，房地产价格与银行贷款密切相关。一是如果房地产价格大幅度下跌，房地产资产缩水，可能导致银行贷款资产质量恶化及银行盈利能力减弱，特别是对过度涉及房地产或房地产相关行业的银行来说，其风险更大。房地产资产缩水会侵蚀银行资本金，减弱银行贷款能力。二是银行贷款态度会影响房地产市场，对房地产价格有着重要的暗示作用。银行给房地产购买者和建筑商贷款的数量可能会改变房地产市场中供给与需求的平衡，并造成房地产价格波动。（吴晓灵和刘士余，2006）

随着我国经济的高速发展，我国房地产业也一直保持着持续快速的增长。在很大程度上我国房地产业是在银行金融支持的基础上发展起来的，这就会造成房地产业完全把投资风险与融资风险集中在银行上。

1. 银行贷款对房地产价格波动的影响

房地产业的发展一般主要是依靠高贷款成数的债务融资，短期依靠房地产开发商的开发贷款，长期依靠购房者的按揭贷款。因此，大多数国家的房地产价格周期与信贷周期的关联性很强。从理论上来说，银行贷款对房地产价格波动的影响，主要表现在以下两个方面。

（1）银行贷款通过多种流动性效应影响房地产价格。贷款可得性和贷款态度的变化将较大程度影响房地产需求与新建筑的投资决策，最终引起房地产价格变化。房地产按揭贷款的增加会刺激房地产需求，从而推动房地产价格上涨；而房地产开发贷款的增加将刺激房地产供给，使房地产价格下降。因为房地产供给弹性小，而需求弹性大，其供求弹性具有不对称性，所以，需求的作用要比供给经过更长时间才能反映在价格中。

（2）信贷周期和房地产周期受共同的经济因素驱动。信贷周期主要由宏观经济和预期（特别是国内生产总值和利率）决定。同时，经济活动状况对房地产市场也会产生重要影响。宏观经济的变化将调整房地产的供给和需求，进而影响房地产投资和价格。这些影响既可能是来自宏观经济的需求方面，如收入、利率和

人口因素的变化，也可能是来自宏观经济的供给方面，如劳动力和建筑成本，以及土地开发的数量等（Dokko et al.，1999）。

2. *房地产价格波动影响银行系统稳定*

房地产具有实物资产和虚拟资产的双重特征（祝宪民，2005）。当房地产为虚拟资产时，未来预期收益的贴现值决定了房地产价格的波动，因此，房地产价格的波动性高于实物资产。房地产价格波动既受宏观经济基本面与非基本面的影响，同时又作用于宏观经济。这种反馈作用对宏观经济产生直接影响，更重要的是，这种作用通过银行贷款扩张与收缩对经济产生间接影响。尤其在我国，银行贷款是最主要的融资渠道，房地产价格的波动通过影响银行贷款进而对产出和宏观经济的波动产生深刻影响。

（1）房地产价格影响银行贷款规模。从借款人的角度看，通过房地产价格变化，他们将对可观测财富和借贷能力进行评估，并相应改变借款计划和信贷需求。从银行的角度看，一方面，其直接拥有房地产资产；另一方面，其提供房地产抵押贷款。建筑开发贷款是银行贷款中最"顺周期"和最容易波动的部分（Davis，1993）。在房地产价格偏高时，银行选择放松贷款条件，提供更多的房地产贷款，形成房地产和信贷周期密切关联的传播机制。当外资流入和监管薄弱时，两者的传播机制可能加剧（Collyns and Senhadji，2002）。

通过上述金融加速器机制，房地产价格与银行贷款之间会进一步相互作用。当房地产价格上涨时，房地产抵押贷款的市值增加，房地产信贷可观测风险向下修正，因此，银行会增加房地产业的信贷供给，这样可能进一步推动房地产价格上涨；当房地产价格下降时，则其相互的作用机制是相反的。这也就是说，对于外部融资成本及以后的公司实际支出，资产价格的周期变化对此产生顺周期反馈效应。实践中，许多因素作用产生该反馈效应，如风险管理不善、数据不足和分析不足、银行的不当激励及安全网提供的保护等（Herring and Wachter，2002）。

（2）房地产抵押贷款使信用风险变得更加复杂。在住宅和商业用房市场中，房地产抵押贷款往往优先偿还抵押贷款。尽管银行采取较低的抵借比[①]仍不一定能抵消房地产市场中的损失。尽管该比例最初设定时被认为非常保守，但是当房地产价格猛烈下跌时，并不能足够抵消损失，特别是当高的抵借比与市场价值及目标资产评估日的期望交易价格相关时。在银行贷款中，房地产贷款是最重要的组成部分。在大多数发达国家，房地产贷款占银行贷款的比例可达三分之一，甚至高达二分之一。当房地产价格下跌时，房地产业收益很低，房地产贷款很可能形成不良贷款，从而降低银行贷款的盈利性，增加银行坏账损失。

---

① 抵借比为贷款额与抵押物实际价格的比值。

　　首先，不同类型房地产贷款的风险程度不同。住宅既是投资品同时又是消费品，住宅抵押贷款的分期偿付根据相对稳定的居民收入来确定，通常认为住宅抵押贷款是非常安全的。相比住宅抵押贷款，商业用途的开发企业贷款和建筑企业贷款风险则较高，因为只有在房屋销售和房地产项目竣工后产生房屋租金时才能偿还这些贷款。如果房地产价格下跌，开发商和建筑商的收益将下降，不能借到新的运作资金，因此，难以确保项目的完工。如果正在建设的房地产项目不能顺利竣工，则可用的抵押物价值接近于零，最后导致商业用房抵押贷款违约。例如，20 世纪 90 年代初许多工业化国家发生的金融萧条及 1997 年的亚洲金融危机就是商业用房不良贷款增加导致的银行危机。

　　其次，信用风险不仅限于房地产业，其他类型的贷款也会受影响。房地产作为其他类型贷款的抵押物，被广泛应用，通过资产负债效应，房地产价格波动会影响到银行业。房地产价格下跌，降低了借款人贷款能力，资金变得紧张，影响到新的投资规模，公司的盈利能力也随之下降。其他类型贷款的信用风险最终会上升，从而增加银行业的脆弱性。

　　最后，当经济紧缩时，信用风险和融资紧缩两者的相互作用变得更为复杂。由于银行贷款准则被认为是顺经济周期的，加上风险管理能力较差、数据偏少和安全网激励的不恰当等，银行通常会低估房地产相关行业贷款的违约率。Herring 和 Wachter（1999）将其定义为"灾难近视"，这是资产价格上涨和银行信用风险增加的重要原因。如果某家银行或其他类型的金融机构过度投入房地产业，当房地产价格崩溃时，就会轻易地影响到这些金融机构，甚至形成金融系统性风险。

　　（3）房地产价格下跌间接造成银行盈利能力下降。当房地产市场低迷时，不良贷款率增加，固定资产价值下降，弱化了银行资本基础，导致银行贷款能力下降，利息收入也随之下降。因为建筑业和借贷市场萎缩，银行来自房地产相关交易的酬金减少，其代理收入也下降。最终，房地产价格下跌可能影响整个经济环境。虽然房地产价格大幅波动不一定导致银行业陷入萧条，但它很大程度上会给一些工业化和新兴市场经济国家的银行业带来危机（Herring and Wachter，1999）。其中典型的例子有：20 世纪 70 年代末和 80 年代初的西班牙、20 世纪 80 年代末的北欧国家、20 世纪 80 年代早期和 90 年代中期的墨西哥、20 世纪 80 年代的日本、20 世纪 90 年代中期的泰国及 2007～2008 年由美国次贷危机引发的全球金融危机等。从这些事件中可以看到，在金融自由化经济体中，由于审慎监管未得到充分发展，房地产市场波动更容易影响金融系统。金融自由化后，因为新的金融机构进入和贷款人之间存在竞争，贷款利率逐渐下降，银行利差逐渐缩小。为了寻找新的贷款机会，银行通常对新增贷款的风险有所低估，如果没有建立起有效的银行监管制度，在过度竞争下很容易引起金融失衡，从而导致未来某个时间产

生银行危机。（吴晓灵和刘士余，2006）

从 2001 年开始，美国采取低利率政策，促进了房地产业的发展。随着美国住房市场逐渐降温，特别是提高短期利率后，与之关联的次级抵押贷款的还款利率也大幅上涨，加重了购房者的还贷负担。在住房市场持续降温的背景下，购房者出售住房或通过抵押住房再融资的可能性变得越来越小，直接导致借款人不能按期偿还大量次级抵押贷款，由此引发美国的次贷危机，2006 年底开始的美国次贷危机最终引发了全球金融危机。2008 年 4 月，贝尔斯登公司出现破产的风险，通过美国政府的帮助，最终被摩根大通集团收购。2008 年 8 月，美国的房利美和房地美出现新的危机，为了避免危机的蔓延和加剧，美国政府不得不宣布接管“两房”。2008 年 9 月中旬，美国次贷危机又形成了新一轮的金融危机，美国第四大投资银行雷曼兄弟公司申请破产，美林公司以 440 亿美元的低价出售给美国银行，美国国际集团（American International Group，AIG）也被美国政府接管。尽管从次贷危机开始爆发美国政府就尽力控制其负面影响，美国联邦储备系统为了确保市场的流动性，持续不断地向金融系统大量注入资金，但次贷危机还是进一步恶化，仅靠向市场注资已经无法挽救市场。2008 年 9 月 20 日美国发起了大规模救市计划，美国政府计划花费 7000 亿美元，购买“不流动”按揭证券，并将国债法定上限提高到 11.3 万亿美元，以缓解严重的次贷危机。由房地产引发的次贷危机影响了美国的银行业，最终发展为全球性的经济危机，其影响程度可与 1929 年的经济大萧条相比。

由此可以看出，房地产价格上升引起房地产信贷增加，而信贷增加后又推动房地产价格上涨，两者相互作用，相互加强。一旦市场预期有所改变或经济受外界影响，引起房地产价格突然大幅下降，就会导致银行的房地产信贷风险。

6.1.2　股票市场与银行贷款的相关性分析

目前，商业银行通过不同方式参与到股票市场中，股票价格的波动会影响银行资产质量，从而进一步影响银行资产负债及银行的稳定。理论和实践证明，股票价格的剧烈波动与银行部门不稳定性扩散之间存在密切的关系；反过来，银行贷款的扩张又会影响股票价格的波动。随着金融混业化的发展，我国商业银行通过许多途径参与到股票市场，因此，不能忽视股票价格波动对银行经营及其稳定性的影响。为了使商业银行更加具备竞争力，我国政府将进一步加快商业银行体系改革，未来我国商业银行将进一步加快综合经营的步伐，因此，商业银行将有更大可能直接或间接参与资本市场。同时，股票价格的波动也势必会影响商业银行的利润和经营稳定。表 6-1 显示了我国银行贷款、股票市价总值、股票成交额和上证综合指数的变化。

表 6-1　银行贷款与股票市场变化

年份	银行贷款/亿元	股票市价总值/亿元	股票成交额/亿元	上证综合指数
1993	32 943.1	3 531.0	3 627.0	833.80
1994	40 810.1	3 691.0	8 128.0	647.87
1995	50 538.0	3 474.0	4 036.0	555.29
1996	61 152.8	9 842.0	21 332.0	917.02
1997	74 914.1	17 529.0	30 722.0	1 194.10
1998	86 524.1	19 506.0	23 544.0	1 146.70
1999	93 734.3	26 471.0	31 319.6	1 366.58
2000	99 371.1	48 091.0	60 827.0	2 073.48
2001	112 314.7	43 522.0	38 305.0	1 645.97
2002	131 293.9	38 329.0	27 990.0	1 357.65
2003	158 996.2	42 458.0	32 115.0	1 497.04
2004	177 363.5	37 056.0	42 334.0	1 266.50
2005	194 690.4	32 430.0	31 665.0	1 161.06
2006	225 285.3	89 404.0	90 469.0	2 675.47
2007	261 690.9	327 140.0	460 556.0	5 261.56

资料来源：中经网统计数据库

　　有学者研究了股票市场的表现与银行业的行为的关系。其中，2000 年艾伦（Allen）和盖尔（Gale）构建了基于信贷扩张的资产价格泡沫模型，从投资者利用银行贷款投资风险资产（如股票）的角度，对资产价格的产生和崩溃进行了解释。例如，日本 19 世纪 80 年代的经济泡沫和美国 20 世纪末的互联网泡沫显示，在扩张性的货币政策下，可能较长期地存在低通货膨胀率和高资产价格的现象。Allen 和 Gale 提出的资产价格泡沫模型能较强地解释现实的资产价格泡沫，启发人们关注银行贷款扩张对证券市场的影响，同时也要注意证券市场投资主体的行为。通过文献分析，在一些情况下银行贷款扩张造成资产泡沫，信贷会继续扩张，资产价格会继续上升，对信贷和资产价格的预期又形成更大的泡沫。如果未来信贷不确定性越高，则泡沫就越严重。投资者会将信贷扩张纳入融资和投资预期，一旦信贷扩张比预期低，或者只是比最高的预期低，投资者将无法偿还贷款，市场上会出现资金链条断裂，继而形成多米诺骨牌效应，从而导致泡沫破灭。因此，不仅信用紧缩会触发危机，如果信贷增长比预期水平低，也可能导致泡沫破灭。（张欢，2008）

　　1. 银行贷款对股票价格波动的影响

　　在我国证券市场中，投资资金的主要来源是短期债务型资金，如通过债券回购市场、同业拆借市场和股票质押贷款获得的资金，短期债务型资金只能用于短期投资，而不能进行长期投资。银行体系影响证券市场的途径主要有个人投资者、企业（上市公司）、券商和私募基金等，这些途径可以融入债务资金，成为推动证券市场上涨的力量。

（1）个人投资者途径。Allen 和 Gale 基于信贷扩张的资产价格泡沫模型，解释了当投资者利用银行贷款投资风险资产（如股票）时资产价格的产生和崩溃。具体来说，投资者为了实现预期利润最大化，通过银行借贷配置安全资产和风险资产，在股票市场大涨的情况下，投资者更倾向于选择风险资产，包括房产抵押贷款、循环授信贷款、加按贷款等各类贷款。通过投资者的理性选择，银行贷款资金进入股票市场。

（2）上市公司途径。有的上市公司会利用银行贷款资金在证券市场上进行投资，有的上市公司会利用自有的流动资金投资股票市场，投资期限一般不会超过一年。当银行收缩银根，上市公司的流动资金就会迅速减少，流动性最大的股票和债券不可避免地被卖掉，导致股票市场价格下跌。甚至有些上市公司将募股资金转变为委托理财形式，然后再投入到证券二级市场。在一定程度上，上市公司业绩也依赖委托理财收益。在证券资产泡沫膨胀时，上市公司的收益状况和资产负债状况都会表现良好；但是，只要证券资产价格出现下跌，那么委托理财资金就不能保证盈利甚至可能出现亏损，影响到上市公司业绩，市盈率不会下降反而会上升，造成漏损性泡沫。

（3）券商途径。我国券商相对来说盈利渠道单一，主要收益来源是二级市场的证券投资业务。在市场行情较好时，券商为了获得更多利润，他们通过国债回购、股票质押贷款等方式融入资金，利用他们手中的资金优势促进股票价格上涨，从而获得可观的账面收益。因为债务资金有一定的期限，只要银根紧缩导致股票市场下跌，券商的资金链将出现问题甚至断裂，最后导致股票价格下降，公司出现巨额亏损。

（4）私募基金途径。我国的私募基金通常以投资咨询公司、投资顾问公司的形式出现。这些公司主要从事富有的私人客户和机构客户（上市公司或国有企业）的委托理财业务。通常管理人给定一个特定收益率，如10%，在此之上与出资人分成。此外，按照通行做法，为了放大收益，私募基金往往向银行或证券营业部以股票抵押融资。当市场上出现系统性下跌时，私募基金往往无力偿债，就会出现违约，不仅很难保证投资人的承诺回报，本金也难以收回。

（5）银行自身途径。尽管中国政府限制银行资金进入股票市场和房地产市场，但是仍有某些银行通过其他方式进入中国股票市场和房地产市场。国家外汇管理局于 2007 年 6 月处罚了 29 家进入股票市场和房地产市场的银行。（张欢，2008）

这里选用银行各项贷款为衡量信贷规模的指标，而用沪深两市的股票总成交量、总成交金额和市价总值作为衡量股票市场走势的指标。首先，通过散点图来分析其变化的大体趋势（图6-1）。

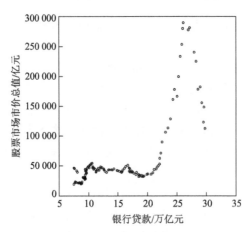

图 6-1　1998 年 1 月至 2008 年 11 月银行贷款与股票市场市价总值的散点分布

　　同时，用 EViews 软件测算我国 1998 年 1 月至 2008 年 11 月银行每月各项贷款与股票市场市价总值的相关系数，其结果为 $r=0.727\,290$（一般相关）。同样对 2002 年 1 月至 2007 年银行每月各项贷款与总成交金额进行相关分析，得出其相关系数为 $r=0.642\,610$（一般相关）。

　　因此，从分析过程来看，尽管银行贷款规模变化不是影响股票市场变化的全部因素，但它是影响或改变股票市场变化的一个重要且不可忽略的因素。并且只要我国不出现较大的政策风险，居民储蓄的分流对股票市场的影响将会越来越大。

　　2. 股票价格波动影响银行系统稳定

　　随着资本市场的不断发展，不管是在一个国家内部，还是在国际范围内，股票价格在资源配置中发挥的作用越来越大。然而，分散决策是资本市场的重要特征，单个投资者的投资行为可能是理性的，但多个投资者行为加总后就不一定是最优的集体行为。其整体市场表现可能过度乐观或过度悲观，从而导致其过度繁荣或过度萧条，资产价格大幅偏离基础价值，可能对金融体系和实际经济造成重大损害。

　　在关于银行危机的研究文献中，较少考虑资产价格，对资产价格暴跌造成系统性、流动性危机的形成机制缺乏严格分析。关键问题在于研究中资产价格不是直接与实体经济结合起来，而是通过与金融中介的相互关系影响实体经济。从现象上来看，资产价格波动很容易影响银行，当资产价格下跌时，银行持有的担保品价值也下降，而且随着系统风险的增加，每个经济主体的现金需求会增加，即使稳健的银行在此过程中也可能受到影响，由此产生恐慌并引发危机甚至破产。

　　历史上金融危机的主要表现是：当宏观经济扩张时，银行信用过度扩张，金融体系的不稳定性增加，资产价格持续上涨。当宏观经济扩张达到某个临界点以后，某些意外的因素局势出现逆转，这时，资产价格的暴跌将引起信用大幅收缩，从而导致银行危机。Wilson 等（1990）分析了美国历史上四次主要的股票市场崩

溃和金融危机，四次危机分别发生在 1873 年 9 月、1884 年 6 月、1893 年 7 月和
1907 年 10 月，研究发现股票市场崩溃和金融危机之间的相关性很高。Mishkin
（1994）认为，美国 19 世纪和 20 世纪早期的大多数金融危机都是由股票市场崩溃
引发的。表 6-2 显示了 1800～2008 年美国股票市场崩溃、银行恐慌与金融危机之
间的时间关系。

表 6-2　1800～2008 年美国股票市场崩溃、银行恐慌与金融危机

	股票市场崩溃				主要原因	前期繁荣	银行恐慌	严重金融困境
	顶点	谷底	股价变动（名义%）	股价变动（实际%）		股价变动（%）		
1	1809	1814	−11.4	−37.8	战争	—	1804	—
2	1835	1842	−50.6	−46.6	战争	57.2	1837	1837
3	1853	1859	−50.6	−53.4	铁路热潮	—	1857	1857
4	1863	1865	49.9	−22.5	内战	20.5	—	—
5	1875	1877	37.7	−26.78	铁路热潮	50.5	1873	1873
6	1881	1865	−26.7	−22.2	铁路热潮	51.3	1884	—
7	1892	1894	−21.0	−16.4	银价波动	—	1893	1893
8	1906	1907	−19.4	−22.3	世界金融危机	—	1907	—
9	1919	1921	−22.0	−24.5	通缩与裁军	—	—	—
10	1929	1932	−73.4	−66.5	改革与乐观	201.8	1930	1931
11	1946	1949	−10.8	−27.1	战后收缩	—	—	—
12	1968	1970	−15.7	−24.4	布雷顿体系	—	—	—
13	1976	1979	1.0	−20.9	石油危机	—	—	—
14	2000	2002	−27.7	−30.8	IT 繁荣	165.2	—	—
15	2006	2008	—	—	美国次贷危机	—	2008	—

资料来源：段军山（2006）；最后一行内容为作者补充

　　证据表明，发达国家和发展中国家严重的银行问题都是资产价格的大幅波动
所致。近些年来，在发达国家和发展中国家中，金融危机都存在一个相同的特点，
即信贷扩张和资产价格暴跌通常发生在银行危机之前。Hutchison 和 McDill（1999）
研究发现，股票价格下跌是未来银行危机的领先指标；Kaminsky 和 Reinhart（1998）
研究发现，资产价格波动是银行危机的重要领先指标。这是因为，如果股票价格
下跌，银行资产价值就会减少，人们的乐观情绪受到影响，从而导致经济螺旋下
滑。（段军山，2006）

6.1.3　房地产价格、股票价格与银行贷款关系的实证分析

1. 变量的选择和数据来源

为了分析银行贷款与房地产价格、股票价格之间的互动关系，在房地产价格数据方面选取商品房销售价格（RP）进行分析，其中，商品房销售价格=商品房销售额÷商品房销售面积。在股票价格数据方面，上证综合指数与深证综合指数的波动基本一致，因此，选取上证综合指数（SP）代表股票价格的变动。银行贷款数据选取银行贷款（L）作为分析数据。本书所使用的经济数据来自中经网数据库。为了方便处理，将所需要的变量都对数化。对数化后 RP、SP、L 分别表示为 LNRP、LNSP、LNL。

2. 方法设计

1）格兰杰因果检验

格兰杰（Granger）首先提出因果关系的计量经济学定义：如果 y 能用于估计另一个数量 x，就可以认为 y 可以格兰杰引起 x。对于变量 x 和 y 的平稳序列，若变量 x 和 y 之间不存在协整关系，直接使用向量自回归（vector autoregressive，VAR）模型来检验格兰杰因果关系；若变量 x 和 y 之间存在协整关系，则要使用向量误差修正（vector error correction，VEC）模型来检验两者的格兰杰因果关系。只有当检验结果对滞后期数具有较低的敏感性时，所得的关于格兰杰因果检验的结论才有较高的可信度，所以检验时一般需要选择不同的滞后期数进行检验，以考察检验结果的敏感性（张红，2005）。

2）VAR 基本模型

VAR 模型通常用于分析相关时间序列系统的相关性和随机扰动对系统的动态影响。因为它避免了结构方程中需要对系统中每个内生变量关于所有内生变量的滞后值函数的建模问题，所以运用更为广泛。VAR(r)的基本模型为

$$Y_t = A_1 Y_{t-r} + \cdots + A_r Y_{t-r} + B_1 X_1 + \cdots + B_s X_{t-s} + \varepsilon_t \tag{6-1}$$

其中，Y_t 和 X_t 分别为内生变量向量和外生变量向量；A_1，A_2，$\cdots$，A_r 和 B_1，B_2，$\cdots$，B_s 是待估计的参数矩阵，内生变量和外生变量分别有 r 阶和 s 阶滞后期；ε_t 为随机扰动项，其同时刻的元素可以彼此相关，但是不能与自身滞后期和模型右边的变量相关。模型中内生变量有 r 阶滞后期，所以可称其为一个 VAR(r)模型。在实际应用中，通常希望滞后期 r 和 s 足够大，从而完整地反映所构造模型的动态特征。另外，滞后期越长，模型中待估计的参数就越多，自由度就越少。因此，应在滞后期和自由度之间寻求一种均衡状态，一般根据赤池信息准则（Akaike information criterion，AIC）和施瓦茨准则（Schwarz criterion，SC）信息量取值最

小的准则确定模型的阶数，定义为

$$AIC = -2L / T + 2K / T \tag{6-2}$$

$$SC = -2L / T + K \log T / T \tag{6-3}$$

其中，$K = m(rd + pm)$ 为待估参数个数；T 为样本容量。而且：

$$L = -\frac{mT}{2}(1 + \log 2\pi) - \frac{T}{2}\log|\varOmega|$$

其中，$|\varOmega| = \det\left[\dfrac{1}{T - r}\sum_i \varepsilon_i \varepsilon_i'\right]$ 为残差方差矩阵。

3）脉冲响应函数

脉冲响应函数（impulse response function，IRF）用于衡量来自扰动项的一个标准差冲击对内生变量当前和未来取值的影响。考虑下面的两变量 VAR(1)模型：

$$P_t = a_{11}P_{t-1} + a_{12}M_{t-1} + \varepsilon_{1,t}$$

$$M_t = a_{21}P_{t-1} + a_{22}M_{t-1} + \varepsilon_{2,t}$$

模型中扰动项被称为新息。上面的 VAR(1)模型中，如果 $\varepsilon_{1,t}$ 发生变化，不仅当前的 P 值立即改变，而且会通过当前的 P 值影响到变量 P 和 M 之后的取值。脉冲响应函数试图描述这些影响的轨迹，显示任意一个变量的扰动如何通过模型影响其他变量，最终又反馈到自身的过程。如果新息是相关的，它们将包含一个不与某特定变量相联系的共同成分。通常，将共同成分的效应归属于 VAR 系统中第一个出现（依照方程顺序）的变量。

在经济系统中，扰动项一般用于刻画从模型中省略下来的而又集体影响变量的全部变量的替代物。如果扰动项对经济系统的当前值和未来值冲击程度较高，说明该经济系统对经济环境的依赖作用较强；反之，则相反。除此之外，由于扰动项是通过模型中各变量的滞后值对各变量的未来值施加影响的，脉冲响应函数也可以反映各变量对其他变量未来值和现期值的影响程度。

3. 计算结果及分析

1）序列的单位根检验

许多经济变量原本是不平稳的，但经过一阶差分以后就变得平稳，则称这样一个经济变量为 $I(1)$。如果对这种经济变量直接回归，则可能出现伪回归现象，因此，必须检验经济变量是否平稳，先对样本时期内的商品房销售价格、上证综合指数和银行贷款分别进行增广迪基-富勒（augmented Dickey-Fuller，ADF）单位根检验。常用的单位根检验方法为 Dickey 和 Fuller（1979）提出的 ADF 单位根检验法。本书利用 EViews 软件分别对各变量的水平值和一阶差分进行 ADF 单位根检验，检验方程的选取根据相应的图形来确定，检验过程中滞后项的确定采用 SC，结果见表 6-3。从表 6-3 可以看出各序列在 5%临界值下都是一阶差分平稳的，也就是都属于序列 $I(1)$。因此，它们满足构造 VAR 模型的必要条件。

表 6-3　ADF 单位根检验结果

变量	检验形式（C, T, L）	ADF 统计量	1%临界值	5%临界值	10%临界值	结论
LNRP	（C, T, 9）	−3.421 494	−4.198 503	−3.523 623	−3.192 902	非平稳
LNSP	（C, T, 9）	−3.534 008	−4.211 868	−3.529 758	−3.196 411	非平稳
LNL	（C, T, 9）	−3.721 267	−4.219 126	−3.533 083	−3.198 312	非平稳
DLNRP	（C, T, 9）	−7.191 256	−4.211 868	−3.529 758	−3.196 411	平稳
DLNSP	（C, T, 9）	−4.603 931	−4.198 503	−3.523 623	−3.192 902	平稳
DLNL	（C, T, 9）	−5.105 708	−4.198 503	−3.523 623	−3.192 902	平稳

注：检验形式（C, T, L）中 C、T、L 分别表示模型中的常数项、时间趋势和滞后期数；DLNRP、DLNSP、DLNL 分别为 RP、SP、L 对数的差分

由表 6-3 可知，LNRP、LNSP、LNL 的 ADF 单位根检验结果大于 1%临界值，认为不平稳；而取差分后的 ADF 单位根检验结果小于 1%临界值，因此，可以认为 DLNRP、DLNSP、DLNL 平稳。

2）协整检验

本书运用 Johnsen 和 Juselius 提出的 Johnsen 检验来对本书的多变量系统进行检验。根据 AIC，将 VAR 模型中的自回归滞后期数取为 2，另外，各个变量具有明显的确定性趋势，因此，将协整方程设定为含截距项。本书采用 Johnsen 检验的迹检验方法，协整检验结果显示 DLNRP、DLNSP 和 DLNL 不存在协整关系，因此，可直接使用 VAR 模型来检验格兰杰因果关系。

3）格兰杰因果检验

运用 Granger（1969）因果检验分析房地产价格、股票价格与银行贷款的因果关系。结果见表 6-4。

表 6-4　格兰杰因果检验结果

原假设 H_0	滞后期数	F	p
DLNRP 不是 DLNL 的格兰杰原因	2	2.723 43	0.079 56
DLNL 不是 DLNRP 的格兰杰原因	2	0.331 27	0.720 24
DLNSP 不是 DLNL 的格兰杰原因	2	0.098 60	0.906 36
DLNL 不是 DLNSP 的格兰杰原因	2	1.609 29	0.214 48

结果表明，房地产价格是银行贷款的格兰杰原因，而银行贷款不是房地产价格的格兰杰原因。股票价格不是银行贷款的格兰杰原因，银行贷款也不是股票价格的格兰杰原因。因此可以判断，在长期均衡水平上，房地产价格的波动影响银行的信贷扩张，而银行贷款却不影响房地产价格。在股票价格和银行贷款之间不存在因果关系，说明从长期来看，我国股票价格的波动不影响银行贷款，同时，银行贷款的增加或减少不会影响到股票价格的波动。

4）基于 VAR 模型的脉冲响应函数分析

基于 VAR 模型，任何一个变量产生一个标准差的新息，根据一个标准差的新息可以计算出银行贷款、房地产价格和股票价格对该冲击的响应函数，各种变量对一个标准差新息的响应如图 6-2 和图 6-3 所示。

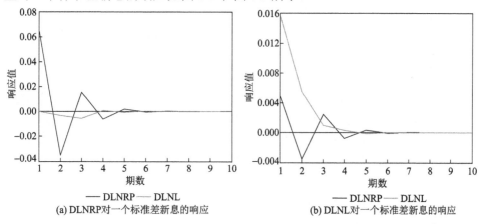

图 6-2　DLNRP、DLNL 对一个标准差新息的响应

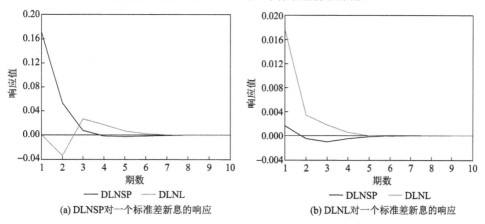

图 6-3　DLNSP、DLNL 对一个标准差新息的响应

从图 6-2（a）中可以看出，对一个标准差新息的银行贷款变动，房地产价格的脉冲响应第 1 期为 0，第 3 期达到最低值–0.5%，第 4 期接近 0。这说明银行贷

款增长对房地产价格的影响较小。房地产价格对自身一个标准差新息的响应在第 1 期达到最大值，为 6.4%，随后这种响应大幅下降，到第 2 期达到最低值，响应在前 4 期比较明显。

从图 6-2（b）中可以看出，银行贷款对自身一个标准差新息的响应第 1 期达到最大值 1.6%，随后大幅下降，到第 5 期接近为 0。说明银行贷款在短期内有一定的惯性。而银行贷款对房地产价格一个标准差新息的响应则表现出正负波动，在第 1 期响应为最大值 0.48%，第 2 期就达到了最低值-0.36%，第 3 期又为正，到第 4 期才逐渐减弱接近为 0。这说明较短时期内银行贷款随房地产价格的上升而增加，随后又随房地产价格的上升而减少，会出现短期的波动。

从图 6-3（a）可以看出，股票价格对自身一个标准差新息的响应在第 1 期达到最大值 17%，随后大幅下降，到第 3 期接近 0。而股票价格对银行贷款一个标准差新息的响应先接近 0，第 2 期达到最低值-3.4%，到第 3 期响应为正，并达到最大值 2.7%，随后响应逐渐下降。这说明银行贷款对股票价格先具有负向作用，随后出现正向作用。

从图 6-3（b）中可以看出，银行贷款对股票价格的一个标准差新息的响应在第 1 期达到最大值 0.16%，在第 3 期达到最低值-0.1%，随后逐渐恢复到原来的水平。而银行贷款对自身的一个标准差新息的响应在第 1 期就达到最大值 1.7%，随后大幅下降，到第 5 期接近为 0。这说明银行贷款对股票价格的脉冲响应较小。

5）方差分解

方差分解能够给出随机新息的相对重要性信息，通过分析每一个结构冲击对内生变量变化的贡献度，进一步评价不同结构冲击的重要性。由图 6-4 可知第一个方程新息的影响占了房地产价格预测误差的 97%左右，由图 6-5 可知第二个方程新息的影响占了银行贷款预测误差的 80%左右。由图 6-6 可知第一个方程新息的影响占了股票价格预测误差的 90%左右，由图 6-7 可知第二个方程新息的影响占了银行贷款预测误差的 97%左右。

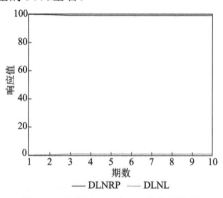

图 6-4   变量 DLNRP 方差分解结果

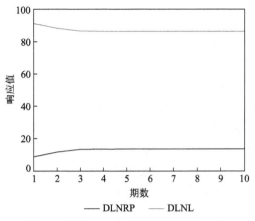

图 6-5　变量 DLNL 方差分解结果（一）

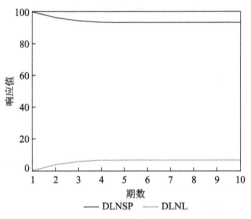

图 6-6　变量 DLNSP 方差分解结果

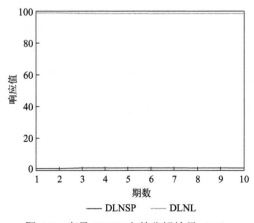

图 6-7　变量 DLNL 方差分解结果（二）

4. 结论

本节采用了 ADF 单位根检验、格兰杰因果检验、VAR 模型方法、脉冲响应函数和方差分解，实证检验了房地产价格、股票价格与我国银行贷款之间的相互关系，由此得到如下结论。

格兰杰因果检验分析表明，房地产价格是银行贷款的格兰杰原因，银行贷款不是房地产价格的格兰杰原因，而股票价格与银行贷款不互为格兰杰原因。当前我国房地产的融资渠道主要是银行贷款，房地产业健康稳定的发展关系到我国银行的安全。因此，一方面，要维护房地产业稳定的发展，防止房地产泡沫的滋生；另一方面，要积极拓展房地产融资渠道，分散银行风险。

6.2　房地产价格与股票价格对消费的影响

6.2.1　财富效应

资产价格波动与消费变化之间的关系一直是经济学者和货币政策制定者关注的焦点，这源于近些年来资产价格波动对经济产生的巨大冲击。随着全球金融市场的发展，股票价格和房地产价格逐渐成为影响消费者行为的重要资产。在国际上，1990 年以来，在欧洲、美国及日本的一些国家和地区，房地产价格波动对其消费的影响日益增大，2001 年美国联邦储备委员会主席格林斯潘认为，2001 年美国房地产价格的波动对消费的影响比股票价格对消费的影响大，在美国这个趋势还在继续。在国内，虽然中国股票市场和房地产市场的发展还存在某些不足与缺陷，但是，作为消费者资产，股票和房地产变得越来越重要。因此，分析欧洲与美国等发达国家及地区中以股票和房地产为代表的资产价格波动对消费支出的影响，总结其经验，分析中国资产价格的财富效应，探索资产价格波动对国民经济的影响机制，有利于认清中国股票市场和房地产市场波动对消费的影响，从而充分发挥资产价格的财富效应，促进总消费的增长。（周建军和欧阳立鹏，2008）

6.2.2　房地产价格和股票价格的财富效应

随着金融市场和房地产市场的发展，股票和房地产逐渐成为两种重要的财富类型。一方面，这是因为股票和房地产这两种财富占家庭财富总额的比重越来越大；另一方面，股票和房地产逐渐成为影响消费者行为的显著资产类型。在国际上，有些西方国家股票市场剧烈波动明显影响了其消费水平，同时，房地产价格波动的影响力也在进一步扩大。尽管中国股票市场和房地产市场的发展还存在一些缺陷与不足，但是随着经济的发展，作为消费者资产，股票和房地产的重要性却在不断上升。分析股票市场和房地产市场的财富效应，对保持股票市场、房地产市场健康发展及经济增长具有重要意义。房地产价格和股票价格影响消费的方式有以下几点。

（1）通过增加居民可支配收入促进消费增长，即影响居民实际收入来扩大消费。当股票价格和房地产价格上涨时，其持有者可以出售股票和房地产，使收入增加，增加的收入将带来消费增长，从而直接促进消费总额的上升。

（2）通过影响居民收入预期来增加消费。股票市场是经济周期的晴雨表，当股票市场出现持续的"牛市"时，再加上良好的宏观经济形势，必将增加居民和企业的信心，居民对收入的预期也会增加，进而增加投资和消费支出，从而促进经济增长，因此，这会形成宏观经济和股票市场的良性互动效应。在房地产升值时，消费者即使不出售房地产或进行再融资，也会因为收入预期增加而增加消费。

（3）通过改变供给方上市公司的业绩影响消费支出。股票市场持续稳定的上涨从两个方面影响上市公司：一方面，适当加快企业改制上市进程，拓展企业融资渠道，减少企业融资成本。同时，推动社会资源进入优势企业，从整体上促进上市公司业绩的提高。另一方面，推动企业通过制度创新建立现代企业制度，促进消费支出的增长，脱离低水平循环的陷阱。（胡小芳和汪晓银，2008）

6.2.3　房地产市场与股票市场的财富效应比较

1. 模型的建立和统计指标的说明

模型中选取上证综合指数反映股票市场的价格变动。通过 EViews 统计软件分析 1992～2007 年的城镇居民家庭人均消费支出，消费存在着一定的惯性，前一年的消费对当年的消费有一定影响，因此，模型中加入前一年消费 C_{t-1}，构建模型如下：

$$\ln C_t = \alpha_0 + \alpha_1 \ln YD_t + \alpha_2 \ln HP_t + \alpha_3 \ln SP_t + \alpha_4 \ln C_{t-1} + \mu_t \quad （6-4）$$

其中，C_t 为当年城镇居民家庭人均消费支出；C_{t-1} 为前一年的消费支出；YD_t 为当年城镇居民家庭人均可支配收入；HP_t 为当年商品住宅平均销售价格；SP_t 为当年上证综合指数；μ_t 为随机扰动项。

模型（6-4）使用商品住宅平均销售价格的涨跌代表家庭自有住宅价格的波动，如果住宅价格存在财富效应，则 HP_t 和 C_t 应当存在正相关关系。由于在居民家庭中，股票财富占据了家庭金融财富的绝大部分，如果股票市场存在着财富效应，则 SP_t 和 C_t 应存在正相关关系。城镇居民可支配收入是消费支出的重要因素，一般而言，居民可支配收入越高，其消费支出会越高。

2. 实证分析

以我国 1992～2007 年的数据为样本，研究商品住宅价格与居民消费的关系，检验我国住宅市场的财富效应。具体数据如表 6-5 所示。

表 6-5　基础数据

年份	深证综合指数	上证综合指数（SP）	城镇居民家庭人均可支配收入（YD）/元	城镇居民家庭人均消费支出（C）/元	商品住宅平均销售价格（HP）/（元/米²）
1992	241.20	780.40	2 026.6	3 046.5	996.0
1993	238.27	833.80	2 577.4	3 353.7	1 208.0
1994	140.63	647.87	3 496.2	3 650.5	1 194.0
1995	113.24	555.29	4 283.0	3 867.7	1 509.0
1996	381.29	1 194.10	4 838.9	3 956.8	1 605.0
1997	381.29	1 194.10	5 160.3	4 110.4	1 790.0
1998	343.85	1 146.70	5 425.1	4 288.1	1 854.0
1999	402.18	1 366.58	5 854.0	4 634.4	1 857.0
2000	635.73	2 073.48	6 280.0	4 998.0	1 948.0
2001	475.94	1 645.97	6 859.6	5 272.1	2 017.0
2002	388.76	1 357.65	7 702.8	6 036.3	2 092.0
2003	378.63	1 497.04	8 472.2	6 510.9	2 197.0
2004	315.81	1 266.50	9 421.6	7 182.1	2 608.0
2005	278.75	1 161.06	10 493.0	7 942.9	2 937.0
2006	550.59	2 675.47	11 759.5	8 696.6	3 119.0
2007	1 447.02	5 261.56	13 785.8	9 997.5	3 664.6

资料来源：《中国统计年鉴》（1993～2008 年）。2007 年部分数据来自《中国经济景气月报》

1）单位根检验

一般而言，几乎所有表示绝对量指标的宏观经济变量都是非平稳的、具有时间趋势的。因此，在进行具体的经验方程估计和相关检验之前，通常都需要进行单位根检验，消除伪回归现象，以考察经济变量是否具有时间趋势，进而确定是否有必要采用协整检验。本书中采用常用的统计量 ADF，使用计量经济软件 EViews，分别对 C、YD、HP、SP 进行单位根检验，检验结果如表 6-6 所示。

表 6-6　各个变量的对数值及差分

年份	LNC	LNYD	LNHP	LNSP	DLNC	DLNYD	DLNHP	DLNSP
1992	8.02	7.61	6.90	6.66	—	—	—	—
1993	8.12	7.85	7.10	6.73	0.096	0.240	0.193	0.066
1994	8.20	8.16	7.09	6.47	0.085	0.305	−0.012	−0.252
1995	8.26	8.36	7.32	6.32	0.058	0.203	0.234	−0.154

续表

年份	LNC	LNYD	LNHP	LNSP	DLNC	DLNYD	DLNHP	DLNSP
1996	8.28	8.48	7.38	6.82	0.023	0.122	0.062	0.502
1997	8.32	8.55	7.49	7.09	0.038	0.064	0.109	0.264
1998	8.36	8.60	7.53	7.04	0.042	0.050	0.035	−0.041
1999	8.44	8.67	7.53	7.22	0.078	0.076	0.002	0.175
2000	8.52	8.75	7.57	7.64	0.076	0.070	0.048	0.417
2001	8.57	8.83	7.61	7.41	0.053	0.088	0.035	−0.231
2002	8.71	8.95	7.65	7.21	0.135	0.116	0.037	−0.193
2003	8.78	9.04	7.69	7.31	0.076	0.095	0.049	0.098
2004	8.88	9.15	7.87	7.14	0.098	0.106	0.171	−0.167
2005	8.98	9.26	7.99	7.06	0.101	0.108	0.119	−0.087
2006	9.07	9.37	8.05	7.89	0.091	0.114	0.060	0.835
2007	9.21	9.53	8.21	8.57	0.139	0.159	0.161	0.676

注：LNC、LNYD、LNHP 分别为 C、YD、HP 的对数；DLNC、DLNYD、DLNHP 分别为 C、YD、HP 对数的差分

资料来源：1992~2006 年数据来源为《中国统计年鉴》，2007 年部分数据来自《中国经济景气月报》

由表 6-7 数值可知，在单根检验中，序列 LNHP 和 LNSP 都接受原假设，即序列是非平稳的，DLNHP 的 ADF 统计量接近其对应的 5%临界值，DLNSP 的 ADF 统计量小于其对应的 5%临界值，即拒绝原假设，序列是平稳的。在 EViews 的检验结果中，AIC 和 SC 是评价检验效果的有效手段，它们的值越小，效果越好。表 6-7 中的检验结果就是按照 AIC 和 SC 得出的，从表 6-7 中数值可以看出该检验效果较好，因此，可以对其进行协整检验。

表 6-7　各变量的单位根检验

变量	检验形式（C, T, L）	ADF 统计量	5%临界值	结论
LNC	（C, T, 1）	−4.269 64	−3.828 975	平稳
DLNC	（0, 0, 2）	−2.406 53	−1.977 738	平稳
LNYD	（C, T, 1）	−5.190 08	−3.828 975	平稳
DLNYD	（0, 0, 2）	−2.123 22	−1.977 738	平稳
LNHP	（C, T, 1）	−1.633 20	−3.828 975	不平稳
DLNHP	（0, 0, 2）	−1.972 98	−1.977 738	平稳
LNSP	（C, T, 1）	−2.689 60	−3.828 975	不平稳
DLNSP	（0, 0, 2）	−2.875 15	−1.977 738	平稳

注：检验形式（C, T, L）中的 C、T 和 L 分别表示模型中的常数项、时间趋势和滞后期数

2）协整检验

协整检验是一种处理非平稳数据的有效方法，其基本思想是：如果两个（或两个以上）时间序列是非平稳的，但它们的某种线性组合却是平稳的，则这两个（或两个以上）变量之间存在协整关系或长期均衡关系。

本节利用 1992～2007 年城镇居民家庭人均消费支出和城镇居民家庭人均可支配收入、商品住宅平均销售价格、上证综合指数的时间序列数据，根据前面的检验分析，对该序列进行协整检验，并建立误差修正模型（error correction model，ECM）。Engle 和格兰杰于 1987 年提出了两步检验法，其被称为 EG（Engle-Granger）两步检验法。利用 EG 两步检验法，首先运用最小二乘法（ordinary least square，OLS）对 LNC 和 LNYD、LNHP、LNSP 进行回归分析，得到回归方程：

$$LNC = 0.3986 + 0.9098 \times LNYD + 0.0325 \times LNHP - 0.0135 \times LNSP + [AR(1) = 0.5295]$$

并且各项结果显示该模型比较适合。其中，e_t 为残差序列，其估计值为

$$e_t = LNC - 0.3986 - 0.9098 \times LNYD - 0.0325 \times LNHP + 0.0135 \times LNSP - [AR(1) = 0.5295]$$

表 6-8 中 ADF 检验统计量小于 5% 显著性水平下的临界值，且 AIC 值和 SC 值较小，所以残差序列是平稳序列。

表 6-8　协整检验结果（一）

变量	检验形式（C, T, L）	ADF 统计量	5%临界值	结论
e	（C, T, 2）	−5.3907	−3.9334	平稳

注：检验形式（C, T, L）中的 C、T 和 L 分别表示模型中的常数项、时间趋势和滞后期数

3）误差修正模型

协整关系只是反映了变量之间的长期均衡关系，而误差修正模型的使用是为了建立短期的动态模型以弥补长期静态模型的不足，它既能反映不同时间的长期均衡关系，又能反映短期偏离向长期均衡修正的机制。

本节利用上述协整检验结果，建立误差修正模型，用 OLS 进行估计得到方程：

$$DLNC = 0.2404 + 1.0630 \times DLNYD + 0.0870 \times DLNHP + 0.0123 \times DLNSP$$
$$- 0.2405 \times DLNCON(-1) + 0.0537 \times e_{t-1}$$

$$R^2 = 0.979\,55 \qquad F = 67.0616$$

$$e_t = LNCON - 0.3986 - 0.9098 \times LNYD - 0.0325 \times LNHP$$
$$+ 0.0135 \times LNSP - [AR(1) = 0.5295]$$

以上各统计量表明，模型通过检验。从上面模型中可以看出，经济增长率的

波动可以分为两部分：一部分为短期波动；另一部分为长期均衡。根据上面模型所示，商品住宅平均销售价格变动 1%，将会引起消费水平同方向变动 0.0870%；上证综合指数变动 1%，将会引起消费水平同方向变动 0.0123%；房地产价格的财富效应大于股票价格的财富效应。误差修正项，即 e_t 项的系数反映了对偏离长期均衡的调整力度，其弹性为 0.0537%，LNC 是在不断地"修正"过程中得到发展。由此可见，消费水平与收入、房地产价格和股票价格之间存在协整关系，即它们之间存在着动态均衡机制，误差修正模型是一个比较合理的短期波动模型。

4）结论

研究结果显示，我国房地产价格的财富效应高于股票价格的财富效应。其主要原因是我国股票市场发展还不够完善，股票市场波动较大。相对股票市场来说，自 1998 年后我国房地产市场的发展一直处于上升阶段，投资较稳定，风险相对较小。投资者偏向于以房地产为长线投资，以股票为短线投资。在 2007 年上半年股票市场处于"牛市"的时候，一部分投资者将从股票市场取得的收益转向投资房地产，以期获得较稳定的收益。根据以上研究，可以得出以下结论和政策含义。

（1）从长期来看，应加强控制房地产市场的投机行为。分析结果表明 1992～2007 年的房地产价格的财富效应为正效应，房地产市场产生良好预期会进一步推动房地产价格的上升。当房地产市场繁荣时，会引起更多的投机行为，有可能导致房地产泡沫的产生。政府可以通过货币政策、税收手段控制房地产市场的投机行为，防止房地产泡沫的产生。

（2）促进股票市场健康稳定发展。1992～2007 年的数据分析表明，我国股票价格的财富效应相对较小，这与我国十几年来股票市场的发展过程是分不开的。由于一段时间我国股票市场持续低迷疲软，加之其他投资渠道少，大量的民间资金找不到出路。虽然 2006 年和 2007 年股票市场出现"牛市"，但股票价格上涨过快，投资者均感到风险过大。因此，应规范股票市场，保证股票市场健康稳定发展，提高投资者的信心。

（3）投资者应选择合适的投资组合。随着房地产市场和股票市场的不断调整与发展，房地产价格和股票价格的财富效应也会产生变化，投资者应根据市场情况，合理调整股票和房产投资比例。

6.3　房地产价格与股票价格对投资的影响

6.3.1　投资风险理论分析

托宾构建了有关股票价格和投资支出相互关联的理论，通常被称为托宾的 Q 理论，也被称为托宾效应。托宾将 q 定义为企业资产的市场价值与现有资本存量重置成本之比。如果 q 值很高，那么说明企业资产的市场价值比现有资本存量重置成本高，新厂房和设备的资本比企业的市场价值低。在此情况下，公司可发行股票，而且在股票上得到的价格将高于购买设施和设备的价格。这样厂商通过发行较少的股票就可买到较多新的投资品，于是就会增加投资支出。相反，如果 q 值很低，则企业资产的市场价值比现有资本存量重置成本低，企业就不会购买新的投资品，可以低价购买其他企业而获得已经存在的资本。在这种情况下，就会减少投资支出，即新投资品的购买将会减少。（吕艳，2005）其传导可表述如下：

$$货币供应量 \rightarrow 利率 \rightarrow q\ 值 \rightarrow 投资 \rightarrow 总产出$$

其中，

$$q = \frac{企业资产的市场价值}{现有资本存量重置成本}$$

托宾认为，当货币供应量增加时，利率下降，企业的融资成本降低，企业盈利增强。如果股票市场上出现较多业绩好的企业，则吸引更多投资者追逐高市盈率，于是投资者的资产偏好转向股票市场，促使股票价格上涨，q 值上升，促进投资扩大，总产出水平提高，而总产出水平的提高将促进就业率、工资水平和未来乐观的预期等方面的提高，直接刺激消费需求的增长，居民消费支出增长再推动经济扩张，使之进入了新一轮的财富增值循环中。同样，如果资产的市场价值比现有资本存量重置成本低，则企业会延后其投资。在这个传递模型中，托宾认为 q 值在金融体系与宏观经济之间起着桥梁作用。他指出促使该模型建立的一个基本的理论命题是，新投资的主要决定因素是与实物资本的重置成本相关的股票市场价值。也就是说，q 值越大，新投资的动力就越大；反之亦然。（李晓慧，2001）

托宾 q 值成为虚拟经济与实体经济之间的桥梁，使用托宾 q 值可以同时观察虚拟经济市场和实体经济市场，满足了现实经济研究的需要；q 值较易测量，厂商的股票价格数据一般可以从证券交易所查到，资本品的价格指数可以在国民收入和国民生产核算账的表格中查到。托宾 q 值具有这两个优势，因而受到众多学者的偏爱，在货币政策研究、公司价值研究及投资研究等方面得到广泛应用。（余涛，2007）

托宾效应是资产价格影响投资的重要途径。20 世纪 90 年代中后期，在美国经济扩张中资产价格对投资的影响非常显著，1992~1998 年托宾 q 值上升了 75%，达到第二次世界大战后的最高水平。（沈悦，2006）

6.3.2　股票价格、房地产价格的托宾效应

1. 房地产价格的托宾效应

房地产是重要投资资产。根据托宾效应，房地产投资的盈利能力取决于房地产市场价值与房地产重置成本的比例。当房地产价格上涨超过建筑成本时，房地产开发有利可图，其他非金融性公司将开发新项目，房地产业的繁荣推动了就业的改善，扩大了房地产相关行业的需求。在大多数国家，房地产投资占社会总投资的比例较大，因此，这种影响是真实的。

房地产价格上涨具有显著的托宾效应，这也将影响到房地产投资水平。由于房地产价格通常是宏观经济的先行指标，当房地产价格上升时，人们认为未来经济增长形势良好，外部筹资成本会下降，托宾 q 值会显著增大，从而促使投资扩大；相反，当房地产价格下跌时，托宾 q 值会变小，外部筹资成本增大，导致投资减少。

将托宾效应运用于房地产市场，则 q 值为房地产价格和建造成本的比值，即

$$q = \frac{P}{C}$$

其中，P 为新开发物业的销售价格；C 为新开发物业的建造成本，包括合理的资本回报率。

从长期均衡来看，q 值即房地产价格和建造成本的均衡值应为 1，即房地产价格接近建造成本；从短期来看，两者之间会有某些偏离。q 值越高，房地产开发投资机会越好。Barot 和 Yang（2010）对 1970～1998 年英国和瑞典住房投资与 q 值的关系进行了实证研究，结果表明两国的 q 值都是住房投资的格兰杰原因。

Girouard 和 Blöndal（2001）实证研究了经济合作与发展组织（Organization for Economic Co-operation and Development，OECD）的 16 个国家的 q 值与私人住宅投资，探讨了其中存在的困难和问题。对于住宅价格，如果能够得到同质或进行过质量调整的住宅价格是比较理想的状况。例如，比较美国新建住宅的中位数销售价格和同质住宅价格，两者存在较大的差异，如果采用中位数销售价格作为分子，q 值将呈上升趋势。对于作为分母的产品成本来说，住宅投资价格指数和实际的建造成本之间存在着密切的正相关关系，能很好地反映建造成本，但建造成本也存在着如何处理住宅质量变化的问题。

在构建 q 值时，如何计算住宅建造成本中的土地成本成为较难的事情。除了日本、德国、丹麦、爱尔兰和瑞典，其他国家很难获得居住用地价格的信息。总体而言，世界各国土地成本约占房地产开发成本的 20%～40%，但土地价格的变化和其他成本的变化差异较大。例如，自 20 世纪 70 年代开始，日本和德国的土

地价格上升幅度在很大程度上超过了建造成本，且土地价格的波动性远远大于建造成本的波动性。实际上，和其他资产一样，土地价格具有较大的波动性，在决定开发商利润方面发挥着更为重要的作用。因此，研究中缺乏土地价格的数据，对分析来说是比较大的遗憾。（沈悦，2006）

2. 股票价格的托宾效应

股票市场主要通过投资影响实际经济，其主要功能是融资，为企业提供长期资本，即直接融资。最初股票市场的产生就是为了聚集分散的资金，为大型的投资提供资金来源。可以说如果没有资本市场就没有今天的现代市场经济，股票市场促进了一些企业的跳跃式成长。

托宾效应指出了股票价格与投资之间的关系。股票价格的变动会影响资本成本，有利于促进企业投资（Tobin，1969）。股票价格上涨时，企业资产的市场价值与现有资本存量的重置成本的比例也将上升，即托宾的 q 值上升，公司较易重新发行股票进行再融资，从而促进投资的扩张。托宾的 q 值常常是边际的 q 值，即 $q = \dfrac{\text{追加投资的边际效率}}{\text{金融资产的收益率}}$，现在通常采用平均 q 值，$q = \dfrac{\text{企业的市场价值}}{\text{企业的重置成本}}$，其中，企业的市场价值及其股票市场价格反映了投资者对公司资产的剩余索取权的价格预期，而企业的重置成本是企业从产品市场中购买一家工厂和机器设备的成本。

按照市场经济运行的逻辑，对正在生产的可再生产性资产来说，q 的正常均衡值为1。如果 q 值大于1，则会刺激投资，使其投资超过重置成本和正常增长的需要；如果 q 值小于1，则会抑制投资（托宾和戈卢布，2000）。这种由于 q 值的变化而引起投资的增加或减少的过程被称为托宾效应，在实际经济中，托宾效应通过 q 比率套利机制发挥出来。当 q 值等于1时，市场获得均衡；当 q 值大于1时，说明市场对公司的估价大于其重置成本，这时企业投资后进入市场获得套利机会；反之，当 q 值小于1时，则市场估价小于其重置成本，企业更愿意选择市场并购，而不是直接投资设立企业，这显然与资本市场"无免费午餐"的假设不相符。这种套利机制称为 q 比率套利机制（贺学会和段际凯，2002）。通过一个投资的存量和流量模型，托宾描述了金融市场与新的投资流量之间的相互影响及 q 值的作用。（余涛，2007）

图 6-8 左边象限的横轴表示某个时间点上的资本存量，右边象限表示在一个规定时间内的资本流量（刘澜飚，2005）。一股股权表示经过通货膨胀调整且按重置成本计算的一美元资本存量。q 值的增加会降低股权的回报，将减少人们以股权形式持有的财富份额；又因为较高的 q 值会提高以股权形式持有的现有财富的比例，投资者需要出售部分股份才能恢复最初的财富比例，因此，股份需求与

股份市场价值 q 为负相关。某一时点上资本的需求量 K 和 q 之间的关系可以表示为图 6-8 中左边象限中的 K^d。某一时点上资本存量的供给 K^s 为垂直线，其由过去净投资决定。

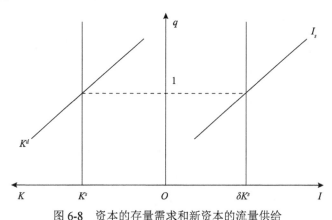

图 6-8 资本的存量需求和新资本的流量供给

用 δ 表示折旧率，总投资 I 和资本需求量 K 之间的动态关系可表示为

$$K_t = K_{t-1} + I_t - \delta K_{t-1} = (1-\delta)K_{t-1} + I_t$$

资本需求量增长额等于净投资额，新资本品的流量供给是 q 的增函数。如图 6-8 右边象限所示，受 q 的限制，短期的总投资供给 I_s 与 q 在任何给定的期限内都呈现正相关关系，其中，I_s 的斜率取决于调整成本的大小。调整过程越慢或时间越短，I_s 曲线就会越陡。套利活动最终会消除重置成本和市场价值之间所有的差异，因此，从长期来看投资供给曲线是水平的。

假定 q 的平均值为 1，一个静态经济的长期均衡便处于图 6-8 左边象限中 $q=1$ 和右边象限中投资等于零的地方。在不断增长的经济中，为了保持不变的资本和劳动比率，稳态净投资将是正数。

托宾说明了 q 在动态调整中的作用。如果贴现率 r_k 下降，投资者选择持有更多的股份，如图 6-9 所示，K^d 就会立即上升至 $K^{d'}$。在短期，因为资本存量供给不变，所以新的均衡点将在位于 $q=q'$ 的 B 点，q 水平的上升促使新的投资流量增加到 I'。现在的总投资超过折旧（$I > \delta K^s$），因此，净投资额为正。正的净投资额意味着资本存量正在逐渐增加，同时经济趋于新的稳态点 C。在 C 点，q 恢复到 1 的水平，资本存量已增加到 K^s，净投资额重新为零。在这个新的均衡状态下，长期的投资函数 I_l 被假定为一条水平线，新的短期投资流量曲线会通过 C 点。资本存量上升从而折旧水平较高，因此，在新的稳态均衡中，总的投资水平也会较高。（刘澜飚，2005）

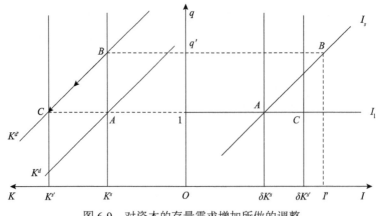

图 6-9　对资本的存量需求增加所做的调整

托宾效应实现机制显示了实际部门和金融部门之间的密切关系，q 值在现期资本存量向意愿存量调整过程中的作用得到了加强，说明了研究我国股票市场托宾效应的必要性，也为研究我国股票市场托宾效应提供了依据。

6.3.3　房地产价格与股票价格的托宾效应

1. 房地产价格的托宾效应

1）基础数据

研究房地产价格的托宾效应，很重要的前提是要有合适的价格和成本数据。沈悦（2006）在研究房地产价格的托宾效应时，为了计算房屋成本，采用竣工房屋价值和竣工房屋面积指标的比值作为房屋造价，选用当年的土地购置费用和土地购置面积之比作为土地成本，运用商品房销售额与商品房销售面积之比作为商品房价格。由于房地产数据的可获得性，本书采取同样的方法。

本节选取 1997～2007 年的土地购置费用、土地购置面积、竣工房屋价值、竣工房屋面积、商品房销售额和商品房销售面积指标，数据来自中经网统计数据库（表 6-9）。其中：

$$土地成本 = \frac{土地购置费用}{土地购置面积}$$

$$房屋造价 = \frac{竣工房屋价值}{竣工房屋面积}$$

$$商品房价格 = \frac{商品房销售额}{商品房销售面积}$$

$$q = \frac{商品房价格}{土地成本 + 房屋造价}$$

表 6-9　托宾 q 值

年份	土地成本 / (元/米²)	房屋造价 / (元/米²)	房屋总成本 / (元/米²)	商品房价格/ (元/米²)	q 值
1997	372.80	1175.27	1548.07	1997.00	1.29
1998	371.34	1217.76	1589.10	2063.00	1.30
1999	418.10	1152.49	1570.59	2053.00	1.31
2000	434.13	1138.96	1573.09	2112.00	1.34
2001	443.76	1128.14	1571.90	2170.00	1.38
2002	461.08	1184.16	1645.24	2250.00	1.37
2003	575.74	1273.38	1849.12	2359.00	1.28
2004	647.11	1401.74	2048.85	2778.00	1.36
2005	759.25	1451.27	2210.52	3168.00	1.43
2006	1042.97	1563.53	2606.50	3367.00	1.29
2007	1210.86	1656.56	2867.42	3864.00	1.35

从图 6-10 中可以看出，q 值从 1997 年开始逐渐上升，2001 年达到最大值 1.38，从 2002 年开始下降，到 2003 年降至最低值，随后逐渐上升，到 2005 年达到最大值 1.43，2006 年下降幅度较大。1997 年后国家采取积极的财政政策及推进住房制度的深入改革促使房地产开发企业投资额迅速增长，尤其是 2002 年以后，增长速度加快。

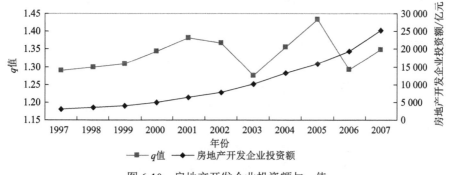

图 6-10　房地产开发企业投资额与 q 值

2）模型构建

房地产开发投资周期一般在 2～3 年，因此，房地产开发投资存在一定的滞后性，前期投资水平会对当期的投资产生比较大的影响。此外，利率的大小代表了融资成本的高低，实际利率的高低也会对房地产开发投资水平产生较大的影响。因此，解释变量中除了 q 值，还加入了房地产开发投资的滞后量和利率，这里利率使用银行间同业拆借加权平均利率。

$$\ln I_t = \alpha_1 \ln I_{t-1} + \alpha_2 q_t + \alpha_3 \mathrm{Ra}_t + \alpha_0$$

其中，I_t 为当期房地产开发投资；q_t 为当期托宾 q 值；Ra_t 为当期银行间同业拆借加权平均利率。

3）回归结果与分析

本节对 1997～2007 年数据进行回归分析，回归结果如下。模型具有非常好的回归效果，R^2 为 0.997，调整后的 R^2 为 0.995。括号中的值为 t 检验量，***表示显著性水平超过 99%，**表示显著性水平超过 95%，*表示显著性水平超过 90%。

$$\ln I_t = 1.028\ln I_{t-1} - 1.136q_t - 0.034\text{Ra}_t + 1.457$$
$$(32.96^{***})\quad(-3.13^{**})\quad(-2.22^{*})\quad(2.15^{*})$$

从回归结果可以看出，前期房地产开发投资和当期房地产开发投资之间存在正相关关系，系数大于 1，说明房地产开发投资存在一定的滞后性。实际利率与房地产开发投资之间存在负相关关系，但在我国利率的决定机制中市场化因素偏低，并不能反映实体经济的资金供给和需求关系，因此，实际利率的回归系数并不显著。q 值和房地产开发投资之间存在着非常显著的负相关关系，说明从全国的数据来看，q 值已经成为影响房地产开发投资水平高低的重要决定因素。

2. 股票价格的托宾效应

1）数据说明

本节在分析过程中用固定资产投资总额代表投资，以上证综合指数的月收盘指数代表股票价格（本节采用月度数据，样本区间为 1998 年 1 月至 2008 年 11 月），数据来自中经网统计数据库。固定资产投资总额和上证综合指数由 I 和 SP 表示，如图 6-11 所示。考虑到季节因素，对 I 和 SP 进行 X-12-ARIMA 季节调整，加后缀 SA，如图 6-12 所示。为避免异方差，将变量取对数。

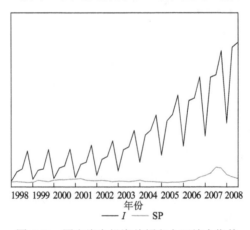

图 6-11　固定资产投资总额和上证综合指数

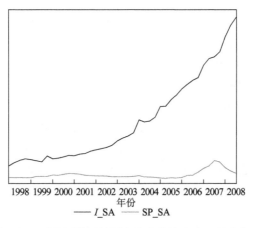

1998 1999 2000 2001 2002 2003 2004 2005 2006 2007 2008
年份
—— *I*_SA —— SP_SA

图 6-12　季节调整后的固定资产投资和上证综合指数

所有表示绝对量指标的宏观经济变量都是非平稳的、具有时间趋势的。因此，在进行具体的经验方程估计和相关检验之前，通常都需要进行单位根检验，以考察宏观经济变量是否具有时间趋势，进而确定是否有必要采用协整检验。这里采用统计量 ADF 检验对投资和股票价格指数进行单位根检验，检验结果如表 6-10 所示。

表 6-10　单位根检验

变量	检验形式（C, T, L）	ADF 统计量	1%临界值	5%临界值	10%临界值	结论
LNI	（C, T, 0）	−2.021 205	−4.192 337	−3.520 787	−3.191 277	非平稳
LNSP	（C, T, 3）	−4.851 491	−4.211 868	−3.529 758	−3.196 411	平稳
DLNI	（C, T, 0）	−8.178 927	−4.198 503	−3.523 623	−3.192 902	平稳
DLNSP	（C, T, 9）	−7.191 256	−4.211 868	−3.529 758	−3.196 411	平稳

注：检验形式（C, T, L）中 C、T、L 分别表示模型中的常数项、时间趋势和滞后期数；DLNI 为 I 对数的差分

表 6-10 中数字显示，LNI 是非平稳的时间序列，DLNI 和 DLNSP 显示的一阶差分却是平稳的，可以认为这两个变量均是一阶单整的，即是 $I(1)$ 的。

2）协整检验

关于协整检验有多种方法，这里采用 Johansen 完全信息最大似然估计法，使用计量经济软件 EViews 得到表 6-11 的计算结果。

表 6-11　协整检验结果（二）

原假设	特征值	最大似然值	5%临界值	p
拒绝原假设	0.502 452	33.294 15	15.494 71	0.000 0
最多存在一个协整关系	0.125 664	5.371 611	3.841 466	0.020 5

　　表6-11的结果显示,固定资产投资总额与上证综合指数之间不存在协整关系。由此可以推断出，股票价格水平不会影响投资，从宏观角度看，我国股票市场长期不具有明显的托宾效应。

　　长期托宾效应不明显的原因主要是由于我国金融体系的特点。在市场主导型的金融体系中，由于金融市场高度发达，市场定价机制及公司治理机制较为完善，股票价格能够影响公司投资，从而充分发挥其资源配置功能；而在银行主导型的金融体系或金融发展较为落后的发展中国家中，公司投资更多地受银行贷款条件的影响，因而投资与股票价格的关系不够密切。我国是银行主导型的金融体系，股票市场发展规模较小，因此，我国股票市场从宏观来看托宾效应不明显。（余涛，2007）

　　通过分析本章可以得出以下结论：第一，房地产价格是银行贷款的格兰杰原因，银行贷款不是房地产价格的格兰杰原因，而股票价格与银行贷款不互为格兰杰原因；第二，房地产价格的财富效应大于股票价格的财富效应；第三，房地产市场存在托宾效应，而股票市场的托宾效应不明显。由此可以得出，资金由于消费和投资的原因在房地产市场与股票市场之间的流动并不明显，两个市场之间的资金关联较弱。

第 7 章　房地产市场与股票市场的价格关联

7.1　房地产价格与股票价格的互动机理

自 1998 年中国住房制度改革以来,房地产和股票已经成为投资者投资组合中最重要的两种资产。近些年, 房地产价格和股票价格都发生了巨大变化,并且表现出一定的关联性。

研究中国房地产价格和股票价格波动的关联性具有重要的现实意义。从投资者投资行为的微观角度看,房地产市场拥有的金融信贷方便了投资者,他们可以同时介入两个市场,可以同时持有两种资产。根据投资组合理论,理性投资者总会持有投资组合前沿上的资产,根据自己对风险和收益的判断,投资者会不断改变自己投资组合中每个资产的权重。投资者会根据资产的价格变动调整投资权重,而这种调整又将反过来影响资产价格的变动。因此,研究房地产价格和股票价格波动的关联性,有助于投资者建立有效的投资组合。

从房地产市场和股票市场的宏观角度来看,研究两者之间关联性的意义体现在:一是金融风险的监测和规避上。在我国,房地产市场和股票市场是两个主要的风险载体,需要对两个市场进行风险监测和管理。二是政府宏观政策的传导机制上。例如, 当政府对房地产信贷市场放松管制时, 信贷的增加推动房地产价格上涨,上市公司的抵押资产价值也随之增加,同时其贷款能力也增加,刺激公司扩大其投资,因此,这会带来较好的收益前景,公司的股票价格便随之上升。在这种信贷机制下,股票市场和房地产市场相互作用、相互促进,股票价格和房地产价格波动会呈现同步性(Chen,2001)。因此, 研究房地产价格和股票价格波动的关联性,有助于防范金融风险和制定国家宏观政策。

随着股票价格上涨,权益融资增加,可以减少企业的资金筹集成本,企业由此获得的大量资金往往不是用于设备投资,而是用于金融投资,也就是通过金融机构进行土地投机。所以,土地价格上涨增加了企业的溢价收益,继续推动股票价格上涨,促使股票价格与房地产价格螺旋式上涨(图 7-1)。(野口悠纪雄,2005)

以中国 2007 年为例,中国 A 股市场在走过回暖期后直线上升,这一宏观经济现象从侧面实现了房地产业的"反调控"繁荣。房地产企业通过在股票市场上的丰厚融资再大举拿地,这一形势形成"股地拉扯"局面。房地产业的资源稀缺性是投资者看好地产类股票的重要原因。这时,拿到地多的企业其股票也受追捧。

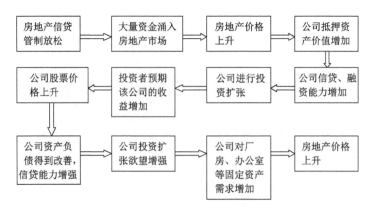

图 7-1　房地产价格和股票价格的正向作用机制

在此情况下，借机增发股票得以筹集更多资金，于是形成"土地价格—股票价格"联动模式。

7.2　我国房地产价格与股票价格关联的实证分析

7.2.1　数据、模型和计量检验

1. 数据

从图 7-2 可以看出，上证综合指数与深证综合指数的波动基本一致，因此，在本书中取上证综合指数代表股票价格的变动。首先选取 1997 年第一季度至 2008 年第二季度房屋销售价格指数（RP）和上证综合指数（SP）。为了方便处理，将所需要的变量对数化。对数化后 RP、SP 分别表示为 LNRP 和 LNSP。本书所有的计量运算都是在 EViews 软件平台上进行的。

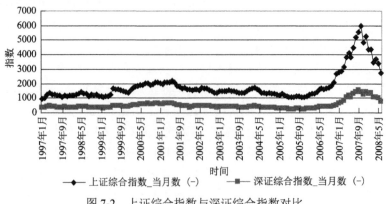

图 7-2　上证综合指数与深证综合指数对比

2. 稳定性检验

为了防止对两个无任何意义的时间序列做回归时出现伪回归现象，本书对房地产价格和股票价格两序列做平稳性的单位根检验，采用 ADF 检验方法。ADF 的零假设 H_0 为 $\gamma=1$，序列存在一个单位根，时间序列非平稳；备择假设 H_1 为 $\gamma<1$，不存在单位根序列，可能还包含常数项和时间趋势项，时间序列平稳。若 ADF 统计量大于临界值，则接受零假设，时间序列非平稳；若 ADF 统计量小于临界值，则拒绝零假设，时间序列平稳。滞后期数的选择依据 AIC 和 SC 来确定。具体检验结果如表 7-1 所示。

表 7-1　ADF 单位根检验结果（一）

变量	检验形式（C, T, L）	ADF 统计量	1%临界值	5%临界值	10%临界值	结论
LNRP	（C, T, 9）	−3.421 494	−4.198 503	−3.523 623	−3.192 902	非平稳
DLNRP	（C, T, 9）	−7.191 256	−4.211 868	−3.529 758	−3.196 411	平稳
LNSP	（C, T, 9）	−3.534 008	−4.211 868	−3.529 758	−3.196 411	非平稳
DLNSP	（C, T, 9）	−4.603 931	−4.198 503	−3.523 623	−3.192 902	平稳

注：检验形式（C, T, L）中 C、T、L 分别表示模型中的常数项、时间趋势和滞后期数

检验结果表明，LNRP、LNSP 在一阶差分前其 ADF 统计量均大于 1%临界值，是非平稳时间序列；在一阶差分后各序列 ADF 统计量均小于 1%临界值，时间序列平稳。上述变量都是一阶单整的，即 $I(1)$。

3. 格兰杰因果检验

格兰杰因果检验基于 VAR 模型，用于检测两个平稳时间序列之间的因果关系。如果变量 X 是变量 Y 的格兰杰原因，则 X 的变化应先于 Y 的变化。因此，在做 Y 对其他变量（包括自身的过去值）回归时，如果把 X 的过去值或滞后值包括进来能显著地改进对 Y 的预测，就可以说 X 是 Y 的格兰杰原因，类似的定义为 Y 是 X 的格兰杰原因。

只有随机变量是平稳的时间序列，才能进行格兰杰因果检验，否则会出现伪回归现象。调整后的房屋销售价格指数和上证综合指数的自然对数序列均为一阶单整序列，即它们的一阶差分均为平稳序列，因此，本书对 DLNRP（LNRP 序列的一阶差分）和 DLNSP（LNSP 序列的一阶差分）进行格兰杰因果检验。具体检验结果如表 7-2 所示。

表 7-2　格兰杰因果检验结果（一）

原假设 H_0	滞后期数	F	p
DLNSP 不是 DLNRP 的格兰杰原因	3	0.434 24	0.729 96
DLNRP 不是 DLNSP 的格兰杰原因	3	0.983 77	0.412 71

由此检验结果可以认为，房地产价格与股票价格不互为因果关系。

4. 建立 VAR 模型

VAR 模型通常用于预测相互联系的时间序列系统及分析随机扰动对变量系统的动态冲击，从而解释各种经济冲击对经济变量形成的影响，模型避开了结构建模方法需要对系统中每个内生变量关于所有内生变量滞后值函数建模的问题。VAR 模型基于数据的统计性质建立模型，将系统中每一个内生变量作为系统中所有内生变量的滞后值的函数来构造模型，从而将单变量自回归模型推广到由多元时间序列变量组成的 VAR 模型。1980 年西姆斯（Sims）将 VAR 模型引入到经济学中，推动了经济系统动态分析的广泛应用。（余元全等，2008）

VAR 模型实际上是向量自回归移动平均（vector autoregressive moving average，VARMA）模型的简化，后者因参数过多带来很多问题而少有应用。最一般的 VAR 模型数学表达式为

$$y_t = A_1 y_{t-1} + \cdots + A_p y_{t-p} + B_1 x_t + \cdots + B_r x_{t-r} + \varepsilon_t \qquad (7-1)$$

其中，y_t 为 m 维内生变量向量；x_t 为 d 维外生变量向量；$A_1, \cdots, A_p$ 和 $B_1, \cdots, B_r$ 为待估计的参数矩阵，内生变量和外生变量分别有 p 阶和 r 阶滞后期；ε_t 为随机扰动项，其同时刻的元素可以彼此相关，但不能与自身滞后项和模型右边的变量相关。

本书中的模型是为了测定房地产价格和股票价格之间的影响，对房地产价格和股票价格取自然对数，建立 VAR 模型，经过试验，VAR 模型整体检验结果表明，滞后期取 3 时效果最好。从表 7-3 中可以看出每个方程仅有部分的滞后项是显著的，由于对 VAR 模型单个参数估计值的解释是困难的，要对其下结论还需观察系统的脉冲响应函数和方差分解。从检验结果来看，对房地产价格的解释理想，但股票价格的拟合系数略差，更真实地说明房地产价格与股票价格的相互影响程度，也证明了上述格兰杰因果检验中的房地产价格不是股票价格的格兰杰原因的结论。

表 7-3 VAR 模型的参数估计值

变量	DLNRP(-1)	DLNRP(-2)	DLNRP(-3)	DLNSP(-1)	DLNSP(-2)	DLNSP(-3)	C
DLNRP	−0.652 453	−0.305 618	−0.429 578	0.034 392	−0.000 673	0.060 311	0.037 399
	[−4.278 57]*	[−1.803 26]*	[−2.902 24]*	[0.620 65]	[−0.011 68]	0.971 79	[3.514 22]*
DLNSP	0.063 937	−0.200 289	−0.753 202	0.318 610	−0.061 381	0.326 282	0.013 694
	[0.135 66]	[−0.382 38]	[−1.646 48]	[1.860 40]*	[−0.344 90]	1.701 08*	[0.416 35]

*表示在 10%水平上显著

注：方括号内的值为 t 统计量

5. 建立脉冲响应函数

脉冲响应函数是 VAR 模型中一个内生变量的冲击给其他内生变量变化所带来的影响，用于衡量来自随机扰动项的一个标准差对变量当前和未来取值的影响，分析当一个误差项发生变化，或者模型受某种冲击时对系统的动态影响。

图 7-3 的纵轴表示 DLNRP 和 DLNSP 对一个标准差新息的响应值。图 7-3（a）显示，DLNRP 对其自身的一个标准差新息反应迅速且较强烈，增加了约 0.06，然后第 2 期逐渐回落，且出现负向反应，并上下振荡逐渐向原来水平回落。该序列对 DLNSP 的新息在第 1 期没有反应，此后出现较小反应，并慢慢回落。由图 7-3（b）可知，DLNSP 对其自身的一个标准差新息立刻有较强的反应，增加了约 0.17，在第 2 期和第 3 期逐渐减弱，并出现小幅振荡，逐步趋向原来水平；DLNSP 对 DLNRP 的新息在第 1 期有较小反应，到第 3 期反应呈负向，在第 4 期负向影响达到最大值，逐渐回落到原来水平。

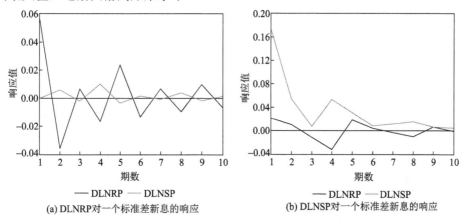

图 7-3　DLNRP、DLNSP 对一个标准差新息的响应

6. 方差分解

方差分解能够给出随机新息的相对重要性信息，通过分析每一个结构冲击对内生变量变化的贡献度，进一步评价不同结构冲击的重要性。

由图 7-4 可知房地产价格可以解释房地产价格变化的 95%，股票价格可以解释股票价格变化的 90%。因此，房地产价格和股票价格的相互影响较小。

7. 2005 年 7 月至 2008 年 11 月全国及四个大城市房地产价格与股票价格的关联

我国房地产市场具有一定区域性，不同城市的房地产价格受不同因素的影响，因此，各城市的房地产价格与股票价格的关联性会有所不同。2005 年 7 月以前，各城市的房地产价格指数只用同比数据，缺乏可比性，因此，选择 2005 年 7 月之后房地产价格指数的环比数据进行分析。本书选取 2005 年 7 月至 2008 年 11 月的

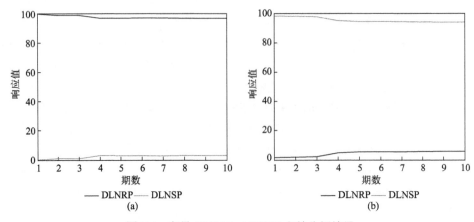

图7-4　变量DLNRP、DLNSP方差分解结果

全国、北京、上海、深圳和武汉的房屋销售价格指数（将各城市的环比数据转换为以2005年6月为100的定基比数据）的月度数据进行对比分析，分析中分别以HP、BJ、SH、SZ、WH代表全国、北京、上海、深圳和武汉的房屋销售价格指数（图7-5）。

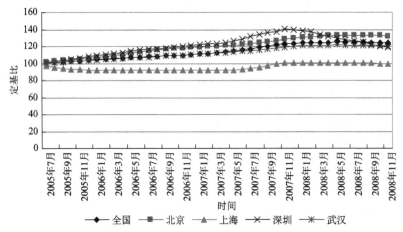

图7-5　2005年7月至2008年11月全国及四大城市的房地产价格指数
以2005年6月为定基的定基比

按照上述同样的计量方法对各时间序列，运用ADF检验方法检验变量的平稳性，采用OLS对全国、北京、上海、深圳及武汉的房地产价格与股票价格作回归估计，对残差进行ADF检验，对房地产价格与股票价格进行协整检验，运用格兰杰因果检验方法检验变量之间的因果关系，结果如表7-4所示。

表 7-4 格兰杰因果检验结果（二）

原假设 H_0	滞后期数	F	p
LNSP 不是 LNHP 的格兰杰原因	3	0.758 32	0.526 62
LNHP 不是 LNSP 的格兰杰原因	3	0.284 69	0.836 03
LNSP 不是 LNBJ 的格兰杰原因	3	3.558 63	0.026 26
LNBJ 不是 LNSP 的格兰杰原因	3	1.054 94	0.383 32
LNSP 不是 LNSH 的格兰杰原因	3	0.762 22	0.524 47
LNSH 不是 LNSP 的格兰杰原因	3	2.439 43	0.084 50
LNSP 不是 LNSZ 的格兰杰原因	4	4.638 35	0.005 84
LNSZ 不是 LNSP 的格兰杰原因	4	5.537 28	0.002 32
LNSP 不是 LNWH 的格兰杰原因	6	2.777 03	0.039 46
LNWH 不是 LNSP 的格兰杰原因	6	1.342 22	0.285 04

注：LNSH、LNBJ、LNHP、LNSZ、LNWH 为 SH、BJ、HP、SZ、WH 值取以 e 为底的对数

由表 7-4 可知，在 2005 年 7 月至 2008 年 11 月，全国房地产价格不是股票价格的格兰杰原因，同时，股票价格也不是全国房地产价格的格兰杰原因；股票价格是北京房地产价格的格兰杰原因，而北京房地产价格对股票价格的影响较弱；上海房地产价格是股票价格的格兰杰原因，股票价格对上海房地产价格的影响较弱；深圳房地产价格和股票价格互为格兰杰原因，且股票价格对深圳房地产价格的影响大于深圳房地产价格对股票价格的影响；股票价格是武汉房地产价格的格兰杰原因，而武汉房地产价格不是股票价格的格兰杰原因。

8. 成因分析

2001 年之前的中国股票市场涨时多、跌时少，是因为股票供给少，对股票的需求多，有一半以上的股票是不能流通的。2001 年 6 月 23 日，我国推出国有股减持计划。从此，我国股票市场就步入整整 5 年的"熊市"阶段，2001～2005 年，上证综合指数从 2245.44 点一路跌到了最低 998.23 点。由于我国投资渠道有限及低利率政策，促使资金流入房地产市场，拉动了房地产价格的上涨。从图 7-6 中可看出，2001～2005 年，股票价格呈下降趋势；相反，房地产价格呈逐年上升趋势。2006 年下半年股权分置改革的完成，使部分资金进入股票市场，成为 2006 年、2007 年股票市场暴涨的重要原因。加上人民币升值的预期，民间储蓄和境外资本涌入中国房地产市场和股票市场，出现了 2007 年中国房地产价格和股票价格齐涨的现象。随着 2007 年 5 月 30 日股票市场大跌，投资者认识到股票市场风险的存在，部分资金流又回到房地产市场。因此，资金的流向是房地产价格与股票价格关联的重要原因。房屋销售价格指数和上证综合指数走势，如图 7-6 所示。

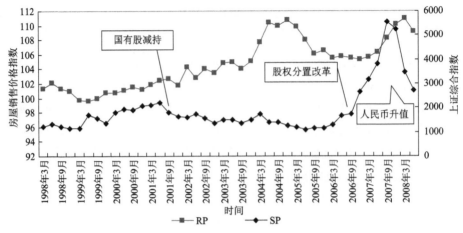

图 7-6　房屋销售价格指数（RP）和上证综合指数（SP）走势

在模型（7-1）中加入货币供应量（M2），对模型进行单位根检验、协整检验和格兰杰因果检验，按照 AIC 和 SC 确定滞后期数。得出以下结果，如表 7-5 所示，结果说明货币供应量是房地产价格的格兰杰原因。

表 7-5　格兰杰因果检验结果（三）

原假设 H_0	滞后期数	F	p
LNRP 不是 LNM2 的格兰杰原因	2	0.377 69	0.688 20
LNM2 不是 LNRP 的格兰杰原因	2	4.247 57	0.022 31
LNSP 不是 LNM2 的格兰杰原因	2	0.188 00	0.829 44
LNM2 不是 LNSP 的格兰杰原因	2	0.752 52	0.478 65

注：LNM2 为 M2 值取以 e 为底的对数

7.2.2　结论

本节采用了单位根检验、格兰杰因果检验、VAR 模型等方法，通过分析脉冲响应函数和方差分解，实证检验了房地产价格变动与股票价格变动之间的相互关系。结果表明，股票价格变动和房地产价格变动之间的相互影响较弱。这说明我国的资本市场、货币市场和商品市场发展还不成熟，其中还有诸多因素阻碍房地产市场和股票市场的互动，如我国房地产证券和房地产投资信托等房地产金融产品发展不成熟，房地产价格对股票价格的影响不明显。股票市场方面，改革中的政策性因素很强，股票市场还不能完全成为国民经济的晴雨表。因此，有必要加快股票市场化改革，促进我国经济稳步发展。

政策启示：①从宏观经济上来说，应加快股票市场化改革，促进我国经济稳步发展。房地产市场和股票市场是两个主要的风险积累市场,通过政府宏观政策的传导和资金的流动,两个市场相互加强或相互促进。因此,建立健康的股票市场关系到两个市场的发展。②从投资者角度来说,应根据投资组合理论和房地产市场与股票市场的关联性,按照对风险和收益的判断不断改变投资组合中各个资产的权重。

7.3 美国房地产价格与股票价格的关联性

在市场经济的大环境下,美国的房地产市场相对来说是一个较为完善的市场。在这个市场里,房屋是商品,商品要按照市场供给与需求的规律来流通,政府往往不直接干预房地产市场的运行。可以这样说,这就是美国区别于其他国家的"国情"。

经济分析人士常常用"火热"来形容 2007 年之前的美国房地产市场,这确实也不算过分。2007 年之前,美国每年都销售 100 万~200 万套新建住房,旧房每年销量也在 600 万套以上。住房建设和销售热潮导致房地产价格持续上涨,与股票市场的长期平淡相比,房地产市场和股票市场形成鲜明对比。因此,购买房屋除了用于自己居住,也成为不少人投资的手段。2005 年,美国人从房地产市场获得的利润高达 8870 亿美元。

从图 7-7 中可以看出,美国经历了 2000 年互联网泡沫破灭后,2001 年底,美国经济开始回升。随着次贷危机的爆发,美国经济出现下滑的趋势。

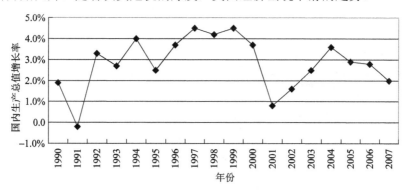

图 7-7 美国国内生产总值增长率

资料来源:根据美国经济分析局(http://www.bea.gov)相关数据整理而得

反映美国房屋价格的主要指数有 S&P/CS[①],以及 NAR(National Association of

---

① S&P 全称为标准普尔(standard & Poor's),CS 全称为 Case-Shiller 房地产价格指数(Case-Shiller home prices indices)。

Realtors，美国房地产经纪人协会）指数、OFHEO（Office of Federal Housing Enterprise Oversight，美国联邦住宅供给机构监察办公室）指数、希勒住房指数（Shiller real housing index）等，这些指数自 2005 年以来都出现了大幅下滑。其中，CS 由于包含通过次级贷款购买的房屋价格及样本成分上的特点而更具有代表性。图 7-8 显示了 2000 年 1 月至 2008 年 6 月美国房地产价格指数的变化情况：从 2000 年开始，房地产价格指数呈逐步上升趋势，到 2006 年房地产价格指数达到最高值，从 2006 年下半年开始，次贷危机开始显现，房地产价格指数随之下降。

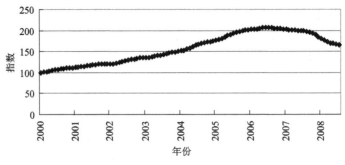

图 7-8　美国房地产价格指数

图 7-9 显示了 1990～2008 年美国道琼斯工业指数的变化。在此期间，美国股票市场经历了几次金融动荡。

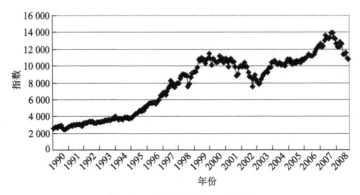

图 7-9　美国道琼斯工业指数

（1）1987 年 10 月 19 日，道琼斯工业平均指数下降超过 500 点，跌幅达到 22.6%，S&P 500 成分股中，仅 25 只股票有买单。1987 年 10 月 20 日，时任美国联邦储备委员会主席的格林斯潘在股票市场开盘前宣布，联邦储备系统愿意作为流动性的资金来源，以支持经济和金融体系所需，并表示会对任何愿意向证券业贷款的银行提供贴现。美国联邦储备系统在市场上买入政府债券，向市场注入 120 亿美元的银行储备，接着联邦基准利率下调 0.75 个百分点。市场迅速反弹，道琼斯指数上升 100 多点，至 1991 年 4 月攀升到 3000 点。

（2）1998 年拯救美国长期资本管理公司（Long-Term Capital Management，LTCM）。1998 年，美国对冲基金中 LTCM 出现巨额亏损，公司濒临破产。同时国际上，俄罗斯金融体系崩溃，亚洲正经历金融危机。美国联邦储备系统紧急降息 0.75 个百分点，并组织 LTCM 主要债权人及大型风险投资银行，筹集资金约 35 亿美元收购 LTCM 90% 的股权。

（3）2000 年互联网泡沫破灭。2000 年纳斯达克指数从 5000 点跌至 2002 年 10 月的 1300 点。美国经济出现负增长，失业率高达到 6%，安然公司（Enron Corporation）、世通公司（WorldCom）破产，安达信会计师事务所倒闭。2002 年 7 月，美国通过《萨班尼斯和奥克利法案》（Sarbanes-Oxley Act），禁止会计师事务所同时从事审计和咨询服务。2003 年 5 月底，布什签署减税法案，减税额高达 3500 亿美元。2003 年 6 月，美国联邦储备系统将基础利率从 1.25% 降低到 1%，是 45 年来的最低利率。在此前的两年时间里，美国联邦储备系统连续降息 12 次。2003 年底，美国经济开始回升。

（4）2007 年初至 2008 年的次贷危机。2007 年 4 月，美国次贷危机爆发。因为美国次级抵押贷款被打包成标准化的债券出售给各类金融机构（主要包括各商业银行、资产管理公司、对冲基金、保险公司、一些国家的中央银行及主权基金等金融机构）的投资者，加上全球金融市场一体化的迅速膨胀，美国次贷危机不断深化，并波及全球。从 2007 年 8 月开始，各国中央银行采取多种方式向金融系统注入流动性资金，规模以千亿美元计。2008 年 3 月，美国联邦储备系统出手援助，摩根大通集团以 2.36 亿美元的低价收购贝尔斯登公司；7 月 13 日，美国政府宣布救助"两房"；9 月 15 日美国雷曼兄弟公司倒闭后，美国财政部以 850 亿美元接管 AIG，并向国会提出 7000 亿美元救援计划。

次贷危机不仅给美国金融领域带来巨大变化，而且持续不断地扩展到美国之外的有关国家和国际市场，引起全球各主要市场的震荡，股票市场反应更为强烈。因信贷危机引起的恐慌蔓延，道琼斯工业指数在 2008 年 10 月 6 日跌破 1 万点大关并一度下跌 800 余点。美国经济将进入增长放缓时期，房地产市场已处于衰退阶段。

7.3.1　数据来源

本节选取 2000 年 1 月至 2008 年 6 月的美国房地产价格指数（RP）20 个大都市区合成指数值，反映房地产价格的变动情况；选取 2000 年 1 月至 2008 年 6 月道琼斯工业指数（SP）反映美国股票市场的波动状况（图 7-10）。

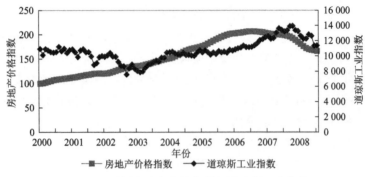

图 7-10　美国房地产价格指数与道琼斯工业指数

7.3.2　实证分析

1. 稳定性检验

在具体进行分析时，必须首先检验被分析序列变量是否平稳和是否为一阶单整 $I(1)$。这里采用 ADF 检验，ADF 单位根检验的结果如表 7-6 所示。检验结果表明，LNRP、LNSP 在一阶差分后各序列 ADF 统计量均小于 5%临界值，序列平稳，且 LNRP、DLNRP、LNSP、DLNSP 都是一阶单整。

表 7-6　ADF 单位根检验结果（二）

变量	检验形式（C, T, L）	ADF 统计量	1%临界值	5%临界值	10%临界值	结论
LNRP	（0, 0, 1）	−0.179 157	−2.588 059	−1.944 039	−1.614 637	非平稳
DLNRP	（0, 0, 1）	−2.233 879	−2.588 292	−1.944 072	−1.614 616	平稳
LNSP	（0, 0, 1）	0.270 481	−2.588 059	−1.944 039	−1.614 637	非平稳
DLNSP	（0, 0, 1）	−7.938 645	−2.588 292	−1.944 072	−1.614 616	平稳

注：检验形式（C, T, L）中 C、T、L 分别表示模型中的常数项、时间趋势和滞后期数

2. 格兰杰因果检验

采用格兰杰因果检验分析房地产价格和股票价格之间的因果关系。格兰杰因果检验对滞后期数非常敏感，因此，滞后期数的选取非常重要，在这里采用 AIC 确定最优滞后期数，得到的格兰杰因果检验结果如表 7-7 所示。

表 7-7　格兰杰因果检验结果（四）

原假设 H₀	滞后期数	F	p	结果
LNSP 不是 LNRP 的格兰杰原因	3	1.790 00	0.154 48	不拒绝
LNRP 不是 LNSP 的格兰杰原因	3	1.963 61	0.124 85	不拒绝

从表 7-7 可以看出 2000 年 1 月至 2008 年 6 月，通过格兰杰因果检验，不能拒绝原假设，即股票价格不是房地产价格的格兰杰原因，房地产价格不是股票价格的格兰杰原因。

3. 双变量 VAR 模型分析

对生成的 LNSP 和 LNRP 序列进行估计，表 7-8 为 VAR 模型的估计结果。

表 7-8　双变量 VAR 模型估计结果

变量	LNRP(-1)	LNRP(-2)	LNRP(-3)	LNSP(-1)	LNSP(-2)	LNSP(-3)	C
LNRP	2.437 463	-1.980 47	0.542 172	0.001 049	-0.000 73	-0.005 47	0.052 315
	[28.259 8]*	[-11.719 8]*	[6.333 63]*	[0.189 84]	[-0.097 42]	[-0.978 91]	[2.501 65]*
LNSP	-0.959 64	1.579 628	-0.577 1	0.925 169	-0.125 99	0.101 904	0.703 17
	[-0.611 66]	[0.513 90]	[-0.370 63]	[9.206 22]*	[-0.926 93]	[1.002 13]	[1.848 54]*

*表示在 10%水平上显著
注：方括号内的值为 t 统计量

表 7-8～表 7-10 的结果也证明了格兰杰因果关系检验结果。从表 7-8 中可看出，房地产价格和股票价格的滞后项对其自身价格影响较大，而股票价格与房地产价格之间的相互影响较小。

表 7-9　VAR 模型各方程检验结果

统计项	LNRP	LNSP
R^2	0.999 914	0.917 321
AdjR^2	0.999 908	0.911 987
残差平方和	0.000 429	0.142 055
S.E.	0.002 149	0.039 083
F 统计	179 567.7	171.971 6
对数似然函数值	476.028 3	185.941 9
AIC	-9.380 57	-3.578 84
SC	-9.198 2	-3.396 48
因变量均值	5.045 299	9.267 568
因变量标准差	0.224 155	0.131 738

表 7-10　美国房地产价格指数与股票价格指数的方差分解

月份	LNRP		LNSP	
	LNRP	LNSP	LNRP	LNSP
1	100	0	0.268 685	99.731 32
2	99.994 77	0.005 225	0.146 191	99.853 81

续表

月份	LNRP		LNSP	
	LNRP	LNSP	LNRP	LNSP
3	99.986 99	0.013 014	0.230 277	99.769 72
4	99.994 01	0.005 991	0.377 883	99.622 12
5	99.951 07	0.048 926	0.515 976	99.484 02
6	99.786 7	0.213 304	0.617 492	99.382 51
7	99.452 21	0.547 793	0.671 956	99.328 04
8	98.921 52	1.078 476	0.684 136	99.315 86
9	98.188 21	1.811 788	0.668 669	99.331 33
10	97.261 77	2.738 229	0.643 398	99.356 6

脉冲响应可以追踪到 VAR 方程中因变量对每个变量冲击的回应，因此，对每个方程中的每个变量的误差项施加一个单位冲击，就可得到在一段时期内单位冲击对 VAR 系统的影响。

图 7-11 展示了脉冲响应的过程：LNRP 对其自身的一个标准差新息响应开始较弱，随后逐渐增强，到第 10 期达到最大，约 0.02，然后逐渐向原来水平回落。该序列对 LNSP 的新息在第 1 期没有反映，此后出现负反映，第 30 期负效应达到最大，约-0.18，此后负效应逐渐减弱。LNSP 对其自身的一个标准差新息立刻有较强的反映，约 0.04，然后逐渐减弱。LNSP 对 LNRP 的新息反映开始较弱，到第 5 期负效应最大，随后逐渐转为正效应，到第 30 期正效应达到最大后逐渐减弱。

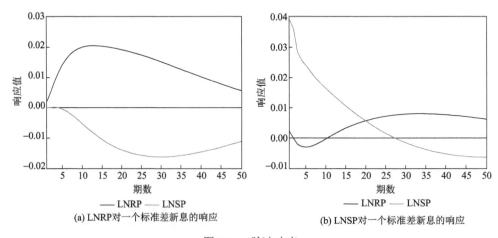

(a) LNRP对一个标准差新息的响应

(b) LNSP对一个标准差新息的响应

图 7-11　脉冲响应

根据中国和美国房地产价格与股票价格的数据，运用 VAR 模型及格兰杰因果检验对中国和美国的房地产价格与股票价格的关联性进行了分析，得出以下结果。

（1）中国房地产价格和股票价格不互为格兰杰原因。这是因为我国投资渠道有限，股票市场规模小，市场不成熟，在低利率的政策下，较大一部分资金进入房地产市场，推动了房地产价格的上升。

（2）由于我国房地产市场具有一定的区域性，不同的城市房地产价格与股票价格的关联程度不同。受我国城市房地产价格数据缺乏的限制，本书只分析了2005年7月至2008年11月全国及北京、上海、深圳和武汉四个大城市的房地产价格与股票价格，得出全国房地产价格不是股票价格的格兰杰原因，同时，股票价格也不是全国房地产价格的格兰杰原因；股票价格是北京房地产价格的格兰杰原因，而北京房地产价格对股票价格的影响较弱；上海房地产价格是股票价格的格兰杰原因，股票价格对上海房地产价格的影响较弱；深圳房地产价格和股票价格互为格兰杰原因，且股票价格对深圳房地产价格的影响大于深圳房地产价格对股票价格的影响；股票价格是武汉房地产价格的格兰杰原因，而武汉房地产价格不是股票价格的格兰杰原因。

（3）仅从美国房地产价格和股票价格来看，房地产价格不是股票价格的格兰杰原因，同时，股票价格也不是房地产价格的格兰杰原因，两者不存在直接的关联效应。但美国存在广泛的房地产金融产品，如房地产投资信托基金和房地产抵押贷款证券化，这些房地产金融产品与股票市场联系紧密，由于数据有限，在本书中未作进一步研究。

第8章　房地产市场与股票市场关联下的政府治理

通过对房地产市场、股票市场与宏观经济的关系，房地产市场和股票市场之间资金流动及房地产价格和股票价格之间关系的分析，本章可以得出表 8-1 中的结果。

表 8-1　房地产市场与股票市场的关联

房地产市场与股票市场的关联		房地产市场	股票市场
宏观经济变量	GDP	√（正效应）	√（正效应）
	M2	√（正效应）	√（正效应）
	CPI	√（正效应）	√（正效应）
	RA	√（负效应）	√（负效应）
	EX	√（负效应）	√（负效应）
资金流动	银行贷款	房地产价格是银行贷款的格兰杰原因；银行贷款不是房地产价格的格兰杰原因	股票价格与银行贷款不互为格兰杰原因
	消费（财富效应）	较强	弱
	投资（托宾效应）	√	×
房地产价格与股票价格的关联	价格关联	房地产价格与股票价格不存在直接关联	

注：√表示存在关联；×表示不存在关联

从表 8-1 可以看出，房地产市场和股票市场的关联主要表现在与宏观经济变量的关系上，说明房地产市场与股票市场的间接关联较强。宏观经济的变动会同时影响到两个市场，另外，两个市场中一个市场的变化也可通过宏观经济的传导影响另一个市场。

从表 8-1 中的资金流动来看，房地产市场和股票市场的资金关联较弱。1998 年第一季度至 2008 年第三季度数据显示，相对股票市场而言，房地产市场对资金流动的吸引力较强，表现在对银行贷款、消费和投资上。这与我国国情有关：1998 年我国住房制度的改革，推动了我国房地产市场的发展，住房分配方式由原来的计划分配机制转变为市场机制，极大地促进了居民的住房消费。而我国股票市场发展还不完善，股票价格波动较大。因此，在 1998～2008 年，银行贷款、消费和投资对股票市场影响较小。

从表 8-1 中房地产价格与股票价格的关联性来看，两者不存在明显的价格关联。虽然在经济波动中，当经济繁荣和萧条时，两者显现出一定的关联性，表现出"同涨同跌"或"此消彼长"，但从长期来看，两者的关联性并不明显。从短期来看，当房地产价格或股票价格迅速上涨时，要防止两者的相互作用，避免形成泡沫经济；当房地产价格或股票价格暴跌时，要防止两者相互作用导致整个国民经济的萧条。宏观经济是房地产市场与股票市场的重要传导中介，因此，政府治理对房地产市场和股票市场来说，显得格外重要。

从市场发展的过程来看，一个市场不能只靠市场自身的内在规律来完善，市场在一定程度上受政府行为的控制和影响。国内外关于此类的研究文献可以归结为两大类：一是政府是否应该干预市场；二是政府如何干预市场。在众多文献研究中，对政府行为完全持否定的观点较少，大多观点主要讨论如何实施政府行为，即如何定位政府行为。近些年，中国房地产市场和股票市场被人们称为"政策市"，尽管褒贬不一，但人们普遍认为政府应在一定程度上干预市场。（王来福和郭峰，2007）

8.1　政府治理的作用

在房地产市场和股票市场中，政府通过建立组织结构来有效地实施经济政策，以此发挥其作用。市场经济的特点是竞争，通过竞争房地产市场和股票市场才能健康发展。因此，政府在房地产市场和股票市场中的作用表现在以下几点。

（1）保证经济持续、稳定、协调发展。政府干预的目的是消除产生经济剧烈波动的不正常因素。通过市场竞争，市场经济一方面可以提高社会生产效率；另一方面会不可避免地带来经济波动，即导致生产过剩或供给不足。尽管，通过价格调整，市场机制在某种程度上能够促使生产单位把资源转向短缺部门，市场回归均衡，但是这需要很长时间。在这段时间内，生产过剩的企业会不可避免地遭受生产损失。因此，市场机制的特点是事后调节，在消除经济波动方面具有一定的局限性。通过政府干预可以弥补市场的缺点。根据实际情况和宏观预测，政府可以决定国民收入中投资的比例，确定各部门、各地区的投资比例，力求使各部门的生产不脱离其他部门的生产。与此同时，政府通过干预，将补贴给予一些部门或企业，这些部门或企业愿意把资源投入短缺的产品，而不是立即提高价格，使资源配置趋于合理。通过政府干预，可以实现总供给与总需求的总量均衡和结构均衡，从而消除或缓解经济波动。确保经济持续、稳定、协调发展是房地产市场和股票市场健康发展的基础。

（2）建立市场规则，维护市场秩序。市场经济中存在错综复杂的关系，其核心内容是买卖关系。不同经济主体通过市场产生联系，他们之间存在不同利益和不同要求，因此，不可避免地会出现矛盾与冲突。如果缺乏市场规则的约束，市场秩序将是混乱的。因此，政府通过制定有关厂商、消费者，乃至政府参加的市场规则，包括产权的界定、契约的订立、各个经济主体权利和义务的确定等，构建市场秩序。在法律制度和市场体系健全的条件下，政府需要在经济活动中担任类似于体育比赛中"裁判员"的角色，即在一定的规则下，保证"比赛"的正常进行，制裁犯规者，维护公平的竞争制度。政府通过设立的监督和执行机构，以市场规则为准绳，及时发现和纠正各种违规行为，如偷税漏税、污染环境、违法经营、侵占公私财产等，给予违规者以警告、罚款、行政处理甚至法律制裁，规范各类经济主体的行为，限制各种不正当经济行为，建立公平竞争的市场环境。我国房地产市场和股票市场发展时间较短，市场并不完善，因此，政府在确定市场规则和维护市场秩序方面发挥着一定的作用。

（3）提供公共产品，为经济的健康运行创造条件。政府提供或采取补贴的方式支持公共产品，包括较容易获得的市场信息、较容易取得的技术、适应性强的人力资源、可利用的资金、先进的物质基础和优质的生活质量。通常，企业不愿意提供对社会发展至关重要的低利润产品，其必须由政府提供，这就是所谓的公共产品。为了这样的公共利益，政府必须责无旁贷地承担其义务。此外，政府有责任疏通信息渠道。市场经济的发展要求交易双方信息对称，但是一些企业为获得竞争优势，经常故意隐瞒信息。另外，如果个别企业要建立信息网络，则需要付出较大成本。通常，市场上所提供的信息并不充分，这就要求政府作为经济信息传播者，既能够及时、准确地传递信息，又能降低信息的传递成本。（徐向艺，1993）当前，我国房地产和股票市场存在信息不对称，为了防止市场大起大落，政府有责任疏通信息渠道，及时对市场做出预警和警示，防止投资者盲目跟风。

（4）监督经济主体行为，促进微观经济效益的提高。在市场垄断、外部性的情况下，资源配置必然效率低下，市场机制本身却不能弥补这些缺点。这时政府应该采取有效的干预，弥补市场机制的不足，促进微观经济效益的提高。2008年，美国房地产信用危机引发的次贷危机，正是政府对金融机构监管的缺位，导致全球经济的衰退。因此，政府在监督经济主体行为，促进微观经济效率的提高上起着重要的作用。

8.2　政府治理中存在的问题

8.2.1　忽视了房地产市场与股票市场的关联性

从前文的分析中可知，房地产市场与股票市场主要通过宏观经济变量传导中介产生间接关联。政府对其中某一个市场进行宏观调控时，会影响到另一个市场。

因此，政府应根据房地产市场和股票市场的关联性，对房地产市场和股票市场进行宏观调控。2007 年，伴随着通货膨胀，房地产价格和股票价格齐涨，表现出经济过热和房地产市场与股票市场中存在严重的泡沫，房地产市场和股票市场显现出短期较强的关联性。在这种情况下，根据两者的关联性对房地产市场和股票市场进行调控的效果比单独调控其中一个市场的效果要好。

8.2.2　政府干预的越位

长期以来，传统体制的惯性和市场体系的不完善导致我国政府的职责不明确，在政府治理中常常出现越位，即超出了市场所需要的范围和力度，不仅没有弥补市场失灵，还限制了市场机制的正常发挥，造成经济关系的扭曲，减弱了宏观经济运行的效率。房地产市场和股票市场对国民经济影响重大，保证房地产市场和股票市场健康稳定发展是政府的重要职责。政府干预的越位表现在过多的干预市场。例如，我国房地产市场经历了 2003～2007 年连续几年的迅速增长，尤其是 2007 年房地产价格的迅猛上涨，显示了一些区域房地产市场出现泡沫。2008 年，受国际上金融危机的影响，中国房地产市场低迷，部分地方政府出现恐慌，推出"救市"计划。应当认识到，房地产市场调整是正常的周期性变化，有其自身的市场逻辑，合理的调整不仅有助于"消化"市场泡沫，还可以减少房地产金融风险。所以，政府应以长远的眼光和审慎的态度加以应对，给予市场自我调整的时间和空间。

8.2.3　政府干预的缺位

政府干预的缺位意味着政府干预的范围和力度不够，或者干预的方式与目标选择不合理，不足以弥补市场失灵，或者不能维护市场机制的正常运行，不能按照干预目标正常地发挥调控作用。（张丽丽和李惠民，2000）目前，在房地产市场中，政府干预的缺位表现在不能为市场提供透明的市场信息，以及防止市场垄断行为。在股票市场中，政府干预的缺位往往表现在对市场监管上的缺位。

8.2.4　政策滞后

政策需求与供给的相互作用促进了政策变迁，当政策供给不能满足政策需求时，就打破了政策均衡，政策滞后是政策变迁过程中经常出现的不均衡的政策状态。政府在调控房地产市场与股票市场时也会出现政策滞后。例如，2008 年美国次贷危机已经表现出逐渐影响到其他区域和其他经济领域的趋势时，我国银行仍对房地产开发商严格控制信贷。当次贷危机进一步发展为全球金融危机，并通过进出口影响到我国经济时，房地产企业由于资金链问题首先受到金融危机的冲击。

8.3　政府治理的建议和对策

从前面分析中可以看出，股票市场与房地产市场是密切相关的，为了保证房地产市场和股票市场健康稳定的发展，需要同时治理两个市场。要从根本上解决股票市场和房地产市场的问题，必须从宏观政策入手，正确选择宏观调控的手段、力度和方向。

1. 根据房地产市场与股票市场的关联效应，选择不同的调控手段

当经济过热或过冷时，宏观调控政策对房地产市场和股票市场具有同时调控作用。从长期来看，房地产市场和股票市场的关联性主要是间接关联，表现在通过宏观经济变量产生间接关联。从短期来看，在经济波动中，当经济过热时，房地产价格与股票价格同涨；当泡沫破灭时，两者同跌。因此，在经济繁荣和萧条时，两者表现出较强的关联性。这时政府可采取政策同时影响两个市场，如货币政策，可达到调控两个市场的效果。例如，2007 年房地产价格和股票价格急剧上涨，政府采取提高利率和银行存款准备金率可同时调控房地产市场与股票市场。在经济周期中，当经济衰退和复苏时，房地产市场和股票市场的关联性较弱，政府在调控其中一个市场时对另一个市场的影响较小。因此，政府在经济比较平稳时，可采取针对单个市场的调控手段调整市场，如税收，而此时调整利率和银行存款准备金率对市场的影响则较小。

2. 根据房地产市场与股票市场的关联性，把握宏观调控的力度

实行宏观调控政策时，应当对房地产市场和股票市场进行系统的调控，避免因调控其中一个市场的风险，而使风险转移到另一个市场，造成调控政策的失效。在经济过热或过冷时，由于房地产市场和股票市场的关联性较强，房地产价格与股票价格会相互作用，呈螺旋式上涨或下跌。在这种情况下，政府在宏观调控时力度不能太大，应充分考虑两个市场的相互作用，采取一定的调控措施。在经济比较平稳时，房地产市场与股票市场的关联性较弱，政府对其中一个市场的调控在一定程度上不会影响另一个市场。因此，政府在宏观调控时，对房地产市场和股票市场可"一步到位"。

3. 根据房地产市场、股票市场与宏观经济的关联性，政府应积极主动地调整宏观调控方向

从房地产市场、股票市场与宏观经济的关系分析中，可以得出房地产价格、股票价格与国内生产总值、CPI、货币供应量、利率和汇率等宏观经济变量关联性较强。其中，国内生产总值、CPI 和货币供应量对房地产价格、股票价格是正向

作用，利率和汇率对房地产价格与股票价格是负向作用。根据房地产价格、股票价格与宏观经济变量的关系，政府应积极主动地运用经济手段对房地产市场和股票市场进行调控。

4. 根据房地产市场与股票市场的关联性，政府应加强金融监管

房地产市场和股票市场存在一定的关联性，在泡沫形成的过程中，两个市场会相互联动，促使泡沫产生。透过 2008 年美国次贷危机发现，金融创新中衍生产品的创新工具确实存在着事前不为人知的巨大杀伤力。我国在借鉴发达国家成功的金融创新经验的同时，应加强金融监管，促使各金融机构规范经营、公平竞争、稳健发展。对金融机构的资本充足率、备付金率、呆坏账比例等指标实行实时监控，以此来提高防范和化解金融风险的快速反应能力。

5. 完善股票市场，分散房地产市场过多的投资需求

我国股票市场是由政府主导建立和发展起来的。因此，我国股票市场自成立之日就不可避免地受计划经济意识的束缚。中国股票市场在建立之初的一个重要作用是为国有企业摆脱困境，替政府减轻负担。股票市场初始制度的设计理念使其出现股权分置现象，制约着股票市场的正常发展。我国股票市场在一段时间长期处于低迷、疲软状态，加之其他投资渠道不通畅，使得大量的民间资金找不到投资渠道。与此同时，随着我国居民生活水平的不断提高，居民改善自己居住条件的愿望日益强烈。强烈的居住需求加上强大的投资能力，使得人们将投资的目光聚集在房地产上，这也是 2008 年之前我国房地产市场异常火爆、一直处于高位运行的原因之一。可见，完善资本市场、建立健康的股票市场有利于吸纳社会流动资金，增加投资渠道，分散房地产投资风险，有利于我国新时代社会主义市场经济的健康发展。

参 考 文 献

曹国华, 何燕. 2011. 中国房地产上市公司股票收益率波动实证研究[J]. 重庆大学学报(社会科学版), 17(6): 39-46.

曹清为. 2007. 地产泡沫与股市泡沫可能一起破[EB/OL]. http://www.p5w.net/news/xwpl/200708/t1152955.htm[2007-08-15].

曹振良, 高晓慧. 2002. 中国房地产业发展与管理研究[M]. 北京: 北京大学出版社: 173, 174.

曹振良, 等. 2003. 房地产经济学通论[M]. 北京: 北京大学出版社.

陈继勇, 袁威, 肖卫国. 2013. 流动性、资产价格波动的隐含信息和货币政策选择——基于中国股票市场与房地产市场的实证分析[J]. 经济研究, (11): 43-55.

陈隆麒, 李文雄. 1998. 台湾地区房价、股价、利率互动关系之研究——联立方程模型与向量自我回归模型之应用[J]. 金融研究, (4): 51-71.

陈淑云, 王志彬. 2008. 中国股票市场与房地产市场财富效应比较: 1998—2007[J].华中师范大学学报(人文社会科学版), (5): 57-63.

陈雁云. 2006. 汇率与股价的关联效应[M]. 北京: 经济管理出版社: 50, 51.

陈奕播, 田益祥. 2008. 股市、房市与 GDP 的相关性研究[J]. 统计与决策, (12): 86, 87.

陈运平. 2013. 灰色局势决策在房地产与股票投资中的运用——基于1998~2007年数据分析[J]. 经济问题, (11): 95-99.

崔尧. 2007. 宏观经济变量与股市关系的实证研究[J]. 科协论坛, (10): 118, 119.

邓小平. 1993. 邓小平文选第三卷[M]. 北京: 人民出版社.

迪帕斯奎尔 D, 威廉 C W. 2002. 城市经济学与房地产市场[M]. 龙奋杰, 等译. 北京: 经济科学出版社.

刁思聪, 程棵, 杨晓光. 2011. 我国信贷资金流入股票市场、房地产市场的实证估计[J]. 系统工程理论与实践, 31(4): 617-630.

段进. 2006. 我国利率对股市的影响力研究[J]. 求索, (8): 37, 38.

段军山. 2005. 股市财富效应的多重解释及对我国股市财富效应弱化的实证检验[J]. 上海经济研究, (4): 40-46.

段军山. 2006. 股票价格波动对银行稳定影响的理论及经验分析[J]. 金融论坛, (6): 53-57.

段忠东. 2007. 房地产价格与通货膨胀、产出的关系——理论分析与基于中国数据的实证检验[J]. 数量经济技术经济研究, (12): 127-139.

段忠华, 曾令华, 黄泽先. 2007. 房地产价格波动与银行贷款增长的实证研究[J]. 金融论坛, (2): 40-45.

方意. 2015. 货币政策与房地产价格冲击下的银行风险承担分析[J]. 世界经济, (7): 73-98.

冯宗宪, 李祥发. 2013. 中国房地产价格、黄金价格与股票价格的关联性[J]. 安徽师范大学学报(人文社会科学版), 41(6): 757-765.

付志鸿, 吴伟军. 2013. 市场流动性过剩对股票和房地产价格的冲击效应及对策研究[J]. 山东社会科学, (2): 152-155.

高莉, 樊卫东. 2002. 中国股市资金流向对宏观经济的影响[J]. 管理世界, (2): 10-18.

高为. 2008. 关于股票实际收益率与通货膨胀率的实证研究[J]. 现代商贸工业, (5): 193, 194.

高晓晖, 李婧怡. 2009. 房地产市场和股票市场周期波动的关系研究——基于上海的实证分析[J]. 特区经济, (9): 95-97.

高晓晖, 李婧怡. 2011. 基于时域分析法的中国房地产市场和股票市场周期波动关系研究: 1999—2009[J]. 生产力研究, (8): 92-94.

格罗斯 D. 2008. 大泡沫: 为什么金融、房地产、互联网、能源泡沫对经济有益? [M]. 魏平, 吴海荣, 孙海涛译. 北京: 中信出版社.

宫崎义一. 2000. 泡沫经济的经济对策: 复合萧条论[M]. 陆华生译. 北京: 中国人民大学出版社.

顾青, 夏叶. 2008. 简评国家宏观经济政策对股票市场的影响[J]. 经济研究导刊, (6): 55-57.

国世平, 吉洁. 2012. 我国房地产价格与股票价格指数的关联性研究[J]. 深圳大学学报(人文社会科学版), 29(5): 106-112.

哈里森 F. 2007. 2010泡沫破碎: 房价·银行与经济萧条[M]. 龙桑田, 李红丽译. 北京: 中国社会科学出版社.

韩健. 2004. 房地产业对国民经济发展的影响[J]. 河海大学学报, (1): 24-27.

韩立达, 徐海鑫. 2005. 论我国汇率调整与房地产业发展[J]. 中国物价, (8): 56-58.

郝继伦. 2000. 中国股票市场发展分析[M]. 北京: 中国经济出版社: 41, 42.

贺强. 2007. 我国通货膨胀的性质特性及其对股市的影响[J]. 价格理论与实践, (8): 59-61.

贺学会, 段际凯. 2002. 从托宾 q 比率原理看国有股减持价格无关论[J]. 经济学动态, (11): 51-54.

洪涛, 西宝. 2008. 中国住宅价格与通货膨胀关系的实证分析[J]. 价格理论与实践, (6): 38, 39.

洪正华, 尹中立. 2007. 股价与房价的互动隐含金融风险[J]. 西部论丛, (12): 26-28.

胡胜, 刘旦. 2007. 宏观经济变量对房地产价格的影响[J]. 统计与决策, (19): 111-114.

胡小芳. 2004. 房地产市场周期波动与预警系统研究——以武汉市为例[D]. 华中农业大学硕士学位论文: 15-17.

胡小芳. 2007. 股市、房市与国民经济的关系分析: 1998—2006[J]. 价格理论与实践, (3): 62, 63.

胡小芳, 汪晓银. 2008. 房价与股票价格的财富效应比较研究: 1992—2006[J]. 兰州学刊, (1): 46-48.

黄达. 2003. 金融学[M]. 北京: 中国人民大学出版社: 247-250.

黄红军. 2006. 中国股市和经济增长关系的实证分析[J]. 广西财经学院学报, (2): 69-72.

黄义. 2014. 股票市场与房地产市场波动溢出效应研究[J]. 统计与决策, (2): 127-131.

黄忠华, 吴次芳, 杜雪君. 2008. 中国房价、利率与宏观经济互动实证研究[J]. 中国土地科学, (7): 38-44.

汲源. 2008. 房地产股票市场溢出效应研究[J]. 统计研究, 25(12): 66-72.

贾生华, 王福林. 2003. 股票市场与住宅市场财富效应的比较分析[J]. 中国财经信息资料, (11): 20-24.

卡尔弗利 J. 2006. 泡沫: 从股市到楼市的繁荣幻象[M]. 黄愉译. 北京: 北京师范大学出版社.

李爱华, 杨婧, 林则夫. 2014. 我国房地产价格与股票价格波动关系的研究——基于 1998—2013 年间周度数据的实证分析[J]. 管理评论, 26(11): 12-19.

李广众. 2002. 银行、股票市场与长期经济增长：中国的经验研究与国际比较[J]. 世界经济, (9)：57-62.

李健飞, 史晨昱. 2005. 我国银行信贷对房地产价格波动的影响[J]. 上海财经大学学报, (2)：26-32.

李康. 1999. 中国股市波动规律及其分析方法[M]. 北京：经济科学出版社.

李晓慧. 2001. 股票市场与经济运行均衡发展新论[M]. 北京：经济科学出版社.

李至斌, 刘健. 2004. 货币政策、股票市场与经济增长——中国证券市场实证分析[M]. 北京：中国金融出版社.

梁建峰, 张路. 2014. 基于结构突变的中国房地产与股票市场相关性研究[J]. 中国管理科学, 22(S1)：288-292.

梁振雨. 2006. 武汉市房地产投资与经济增长的协整研究[J]. 中南财经政法大学研究生学报, (5)：24-27.

林平忠. 2005. 国际资本流动对股市的作用机制及其实证研究[J]. 株洲工学院学报, (2)：110, 111, 132.

林增杰, 武永祥, 吕萍, 等. 2003. 房地产经济学[M]. 北京：中国建筑工业出版社.

林众, 林相森. 2013. 中国房地产市场与股票市场相关性的实证研究[J]. 统计与决策, (12)：133-136.

刘建江, 杨玉娟, 袁冬梅. 2005. 从消费函数理论看房地产财富效应的作用机制[J]. 消费经济, (2)：93-96.

刘澜飚. 2005. 股票价格：经济功能与货币政策反应[M]. 北京：人民出版社：80-82.

鲁晓琳, 董志. 2017. 我国房地产价格与股票价格的互动关系研究[J]. 现代管理科学, (4)：45-47.

罗来东, 侯玉玲. 2005. 房地产和股票市场同货币供应量协同性实证研究[J]. 统计与决策, (2)：74-76.

罗蓬艳. 2008. 汇率与股票价格关系的实证研究[J]. 当代经济(下半月), (4)：148, 149.

吕立新. 2005. 财富效应论[M]. 北京：中国工商出版社.

吕艳. 2005. 股票市场传导货币政策的财富效应与 Q 效应分析[J]. 商业研究, (9)：20-23.

马亚明, 姚磊. 2013. 我国股票和房地产市场的财富效应研究——基于状态空间模型的实证分析[J]. 财经理论与实践, 34(5)：37-42.

毛丰付, 倪鹏飞, 卞加俊. 2014. 金融约束与房地产市场发展：基于房企"股地互动"视角的研究[J]. 财贸经济, (3)：124-134.

彭露森. 2006. 房地产股票价格波动的实证分析[D]. 四川师范大学硕士学位论文.

彭兴庭. 2011. 我国房地产市场与股票市场的波动相关性研究[J]. 北京理工大学学报(社会科学版), 13(5)：39-43.

曲波. 2003. 房地产经济波动理论与实证分析[M]. 北京：中国大地出版社.

曲卫东, 延扬帆. 2007. 楼市与股市间的投资组合及风险管理[J]. 城市开发, (1)：17, 18.

沈悦. 2006. 房地产价格与宏观经济的关系研究[M]. 北京：中国水利水电出版社：241.

沈悦, 刘洪玉. 2004. 住宅价格与经济基本面：1995—2002 年中国 14 城市的实证研究[J]. 经济研究, (6)：78-86.

沈悦, 卢文兵. 2008. 中国股票价格与房地产价格关联性研究[J]. 当代经济科学, (4)：87-92, 127.

盛松成, 李安定, 刘惠娜. 2005. 上海房地产市场发展周期与金融运行关系研究[J]. 上海金融,

(6): 4-7.

石景云. 1997. 经济增长与波动[M]. 北京: 商务印书馆.

石志恒, 王亚亭, 王莹. 2004. 解析中国股市与宏观经济的背离[J]. 西北农林科技大学学报, (1): 69-72.

史代敏. 2003. 中国股票市场波动与效率研究[M]. 成都: 西南财经大学出版社: 34-36.

宋凌峰, 叶永刚. 2010. 中国房地产行业宏观金融风险研究——基于金融稳定的视角[J]. 经济管理, (12): 34-39.

宋玉臣. 2006. 股票市场失灵与政府行为选择[D]. 吉林大学博士学位论文.

孙昌群. 2003. 中国股市政府干预的效果分析[J]. 济南金融, (7): 36, 37.

谈正达, 范叙春, 胡海鸥. 2011. 股票价格、房地产价格和我国货币需求的实证分析[J]. 投资研究, (10): 8-19.

谭刚. 2001. 房地产周期波动: 理论、实证与政策分析[M]. 北京: 经济管理出版社.

唐平, 刘燕. 2008. 基于宏观经济变量的中国股市波动分析[J]. 财经科学, (6): 18-24.

陶美珍. 2008. 美国的次贷危机及对中国的警示与借鉴[J]. 南京财经大学学报, (4): 11-14.

托宾 J, 戈卢布 S S. 2000. 货币、信贷与资本[M]. 张杰译. 大连: 东北财经大学出版社.

王大虎, 李建磊, 金浩. 2006. 主成分分析在经济可持续发展研究中的应用[J]. 河北师范大学学报(自然科学版), (6): 721-725.

王慧霞. 2008. 我国股票市场与经济增长关系的实证研究[D]. 西北大学硕士学位论文: 20-22.

王婧文. 2007. 房地产价格波动与通货膨胀预期[D]. 浙江大学硕士学位论文: 13-16.

王静, 林琦. 2008. 从美国次级债危机看中国房地产金融市场的风险[J]. 财经科学, (2): 9-16.

王来福, 郭峰. 2007. 货币政策对房地产价格的动态影响研究[J]. 财经问题研究, (11): 15-19.

王绍洪, 齐子漫, 陈灿平. 2013. 股票市场、汇率和房地产对中国货币需求影响的实证分析[J]. 软科学, 27(3): 70-75, 110.

王树强, 陈立文. 2011. 房地产市场对股票市场波动的响应机制研究[J]. 技术经济与管理研究, (2): 74-79.

王文嘉, 张屹山. 2014. 我国房地产政策调整对上市公司股票投资价值的影响——基于 DEA-DA 方法的研究[J]. 管理世界, (10): 174, 175.

王雅玲. 2007. 对我国股指期货风险管理的思考[J]. 特区经济, (5): 115-117.

王玉婷. 2011.政府治理社会模式的转型与创新探析[J]. 湖北社会科学, (5): 31-33.

魏锋. 2007. 中国股票市场和房地产市场的财富效应[J]. 重庆大学学报, (2): 153-157.

温军, 赵旭峰. 2007. 我国股票市场、房地产市场与经济增长的关系[J]. 统计与决策, (20): 90-92.

邬丽萍. 2006. 房地产价格上涨的财富效应分析[J]. 求索, (1): 27-29.

吴宝申. 2007. 房地产价格波动与宏观经济基本面的互动机制研究[D]. 浙江大学硕士学位论文.

吴德进, 李国柱, 等. 2007. 房地产泡沫——理论、预警与治理[M]. 北京: 社会科学文献出版社.

吴莲. 2007. 房市股市泡沫风险联动探析[J]. 河南金融管理干部学院学报, (3): 86-88.

吴晓灵, 刘士余. 2006. 房地产指标与金融稳定[M]. 中国人民银行金融市场司, 中国人民银行重庆营业管理部译. 北京: 中国金融出版社.

希勒 R J. 2008. 非理性繁荣[M]. 2 版. 李心丹, 陈莹, 夏乐译. 北京: 中国人民大学出版社.

谢经荣, 吕萍, 乔志敏. 2002. 房地产经济学[M]. 北京: 中国人民大学出版社: 110.

谢经荣, 朱勇, 曲波, 等. 2001. 地产泡沫与金融危机: 国际经验及其借鉴[M]. 北京: 经济管理出版社.

解保华. 2008. 房地产市场与股票市场羊群效应的经济学分析[J]. 广东商学院学报, (2): 34-39, 46.

解保华, 李彬联, 石立. 2009. 中国股票市场与房地产市场泡沫问题研究[J]. 上海财经大学学报, 11(1): 64-71.

徐滇庆. 2000. 泡沫经济与金融危机[M]. 北京: 中国人民大学出版社.

徐滇庆. 2006. 房价与泡沫经济[M]. 北京: 机械工业出版社.

徐国祥, 王芳. 2012. 我国房地产市场与股票市场周期波动的关联性探讨[J]. 经济管理, (2): 133-141.

徐向艺. 1993. 论市场经济运行中的政府干预[J]. 理论学刊, (4): 23-28.

杨帆. 2005. 人民币升值压力的根源及升值对我国经济的影响[J]. 南方金融, (8): 17-19.

杨健. 2008. 房地产股票价格走势影响因素的统计研究[D]. 中国人民大学硕士学位论文.

野口悠纪雄. 1997. 土地经济学[M]. 汪斌译. 北京: 商务印书馆.

野口悠纪雄. 2005. 泡沫经济学[M]. 曾演初译. 北京: 生活·读书·新知三联书店.

叶兵, 邓旺. 2007. 房地产价格变化与货币政策传导分析[J]. 四川经济管理学院学报, (4): 29-31.

尹中立. 2007. 股价与房价的辩证关系[J]. 城市开发, (10): 34, 35.

余涛. 2007. 我国股票市场 q 效应研究[D]. 湖南大学硕士学位论文: 23.

余元全, 温良, 康庄. 2008. 股价和房价影响我国投资的效应比较[J]. 统计与决策, (15): 100-102.

曾洁. 2008. 次贷危机对我国房地产金融风险防范的启示[J]. 现代经济, (9): 30, 31.

曾志坚, 江洲. 2007. 宏观经济变量对股票价格的影响研究[J]. 财经理论与实践, (1): 40-45.

张戈, 郭琨, 王珏, 等. 2014. 房地产价格对我国房地产股票超额收益的影响研究[J]. 管理评论, 26(3): 11-18.

张红. 1999. 房地产投资与股票投资的比较分析[J]. 中国房地产金融, (4): 10, 11.

张红. 2005. 房地产经济学[M]. 北京: 清华大学出版社.

张红. 2007. 房地产金融学[M]. 北京: 清华大学出版社: 571.

张红, 邱王争. 2005. 基于 MTV 模型的房价与股价互动关系研究[J]. 中国房地产金融, (3): 11-14.

张欢. 2008. 银行信贷与股市走势的关系及其实证检验分析[J]. 科技创业月刊, (8): 30, 31.

张继定, 余新民, 吴瑜. 2008. 浅析汇率走势对我国股市的影响[J]. 时代经贸, (10): 211, 212.

张丽丽, 李惠民. 2000. 试论我国政府干预与宏观经济运行效率之间的关系[J]. 理论观察, (3): 55, 56.

张璐璐. 2007. 论人民币汇率升值对中国股票市场的影响[J]. 特区经济, (3): 115, 116.

张琼芳, 张宗益. 2011. 基于 Copula 房地产与金融行业的股票相关性研究[J]. 管理工程学报, (25): 165-169.

张耀, 邝小燕. 2004. 资产价格变动的财富效应分析[J]. 中国物价, (10): 19-21.

张跃龙, 吴江. 2008. 中国房市与股市波动的分段引致关系研究[J]. 特区经济, (2): 102, 103.

张跃庆. 2003. 新世纪住房与房地产发展研究[M]. 北京: 首都经济贸易大学出版社: 480, 481.

张占军, 薛宏刚, 贺斌. 2017. 我国房地产市场及股票市场变动对城镇居民消费支出影响研究[J]. 管理学刊, 30(1): 34-41.

赵建. 2007. 中国房地产市场和股票市场价格变动的相关性研究[J]. 山东社会科学, (2):

110-114.

赵胜民, 方意, 王道平. 2011. 金融信贷是否中国房地产、股票价格泡沫和波动的原因——基于有向无环图的分析[J]. 金融研究, (12): 62-76.

郑华. 2004. 人民币升值与房地产市场[J]. 中国房地产, (6): 62-64.

郑华. 2007. 房地产周期传导机制与拐点期价格预测[J]. 中国物价, (12): 22-24.

中国人民银行营业管理部课题组. 2007. 房地产价格与房地产泡沫问题: 国别研究与实证研究[M]. 北京: 中国社会科学出版社.

周达. 2008. 房地产业与中国国民经济总量关系研究[J]. 石家庄经济学院学报, (3): 39-43.

周建春. 2006. 房价虚高, 警惕泡沫[J]. 中国土地, (5): 10, 11, 16.

周建军, 欧阳立鹏. 2008. 中国资产价格波动财富效应的实证研究[J]. 社会科学家, (5): 53-58.

周杰. 1998. 经济与政策对房地产价格的影响[J]. 价格月刊, (8): 24.

周京奎. 2006. 1998~2005 年我国资产价格波动机制研究——以房地产价格与股票价格互动关系为例[J]. 上海经济研究, (4): 21-29.

朱传榘. 1994. 对政府与市场关系的几点看法[J]. 管理世界, (6): 49-52.

祝宪民. 2005. 房地产的虚拟性与经济波动[J]. 南开经济研究, (2): 61-66, 71.

Anari A, Kolari J. 2002. House prices and inflation[J]. Real Estate Economics, 30(1): 67-84.

Barot B, Yang Z. 2012. House prices and housing investment in Sweden and the United Kingdom: econometric analysis for the period 1970-1998[J]. Review of Urban & Regional Development Studies, 14(2): 189-216.

Barro R J. 1991. Economic growth in a cross section of countries[J]. Quarterly Journal of Economics, 106: 407-443.

Bencivenga V R, Smith Br D, Star R M. 1995. Transaction costs, technological choice, and endogenous growth[J]. Journal of Economic Theory, 67(1): 53-177.

Benjamin J D, Chinloy P, Jud G D. 2004. Real estate versus financial wealth in consumption[J]. The Journal of Real Estate Finance and Economics, 29(3): 341-354.

Boone L, Girouard N. 2002. The stock market, the housing market and consumer behavior[R]. OECD Economic Department Working Papers.

Case K E, Quigley J M, Shiller R J. 2005. Comparing wealth effects: the stock market versus the housing market[J]. Advances in Macroeconomics, 5(1): 1235.

Chang T, Huang C C, Wei C C. 2005. Are real estate and stock markets related? The case of Taiwan[J]. The Business Review, 3(2): 125.

Chen N K. 2001. Asset price fluctuations in Taiwan: evidence from stock and real estate prices 1973 to 1992[J]. Journal of Asian Economics, 12: 215-232.

Collyns C, Senhadji A. 2002. Lending booms, real estate bubbles and the Asian crisis[R]. IMF Working Paper.

Davis E P. 1993. Bank credit risk[R]. Bank of England Working Paper Series.

Davis P, Zhu H B. 2011. Bank lending and commercial property cycles: some cross-country evidence[J]. Journal of International Money and Finance, 30(1): 1-21.

Dickey D A, Fuller W A. 1979. Distribution of the estimators for autoregressive time series with a unit root[J]. Journal of The American Statistical Association, 74(366): 427-431.

Dickey D A, Fuller W A. 1981. Likelihood ratio statistics for autoregressive time series with a unit root[J]. Econometrica, 49(4): 1057-1072.

Dokko Y, Edelstein R H, Lacayo A J, et al. 1999. Real estate income and value cycles: a model of market dynamics[J]. Journal of Real Estate Research, 18(1): 69-96.

Dornbusch R, Fisher S. 1980. Exchange rates and the current account[J]. The American Economic Review, 70(5): 960-971.

Drechsler W. 2004. Governance, good governance and government: the case for estonian administrative capacity[J]. Journal of The Humanities and Social Sciences, 4: 388-396.

Engle R F, Granger C W J. 1987. Co-integration and error correction: representation estimation, and testing[J]. Econometrica, 55: 251- 276.

Flavin M A. 1981. The adjustment of consumption to changing expectations about future income[J]. Journal of Political Economy, 89(5): 974-1009.

Foldvary F E. 1991. Real estate and business cycles: Henry George's theory of the trade cycle[R]. The Lafayette College Henry George Conference.

Friedman M. 1957. A Theory of The Consumption Function[M]. Princeton: Princeton University Press.

Gerlach S, Peng W S. 2005. Bank lending and property prices in Hong Kong[J]. Journal of Banking and Finance, 29: 461-481.

Girouard N, Blöndal S. 2001. House Prices and economic activity[R]. OECD Economics Department Working Papers.

Grandner T, Gstash D. 2006. Joint adjustment of house prices, stock prices and output towards short run equilibrium[J]. Bulletin of Economic Research, 58(1): 1-17.

Granger C W J. 1969. Investigation causal relations by econometric models and cross-spectral methods[J]. Econometrica, 37(3): 424-438.

Gyourko J, Keim D B. 1992. What does the stock market tell us about real estate returns?[J]. Journal of The American Real Estate and Urban Economics Association, 20(3): 457-485.

Hall R E. 1978. Stochastic implications of the life cycle-permanent income hypothesis: theory and evidence[J]. Journal of Political Economy, 86(6): 971-987.

Hall R E. 2011. The long slump[J]. The American Economic Review, 101(2): 431-469.

Herring R, Wachter S. 1999. Real estate booms and banking busts: an international perspective[R]. The Wharton Financial Institutions Centre Working Paper.

Herring R, Wachter S. 2002. Bubbles in real estate market[R]. Zell/Lurie Real Estate Center Working Paper.

Hofmann B. 2003. Bank lending and property prices: some international evidence[R]. The Hong Kong Institute for Monetary Research Working Paper No. 22.

Hutchison M, McDill K. 1999. Are all banking crises alike? The Japanese experience in international comparison[J]. Journal of The Japanese and International Economies, 13(3): 155-180.

Jud G D, Winkler D T. 2003. The Q theory of housing investment[J]. The Journal of Real Estate Finance and Economics, 27(3): 379-392.

Kallberg J G, Liu C H, Pasquariello P. 2002. Regime shifts in Asian equity and real estate markets[J].

Real Estate Economics, 30(2): 263-291.

Kaminsky G L, Reinhart C M. 1998. Financial crises in Asia and Latin America: then and now[J]. The American Economic Review, 88(2): 444-449.

Leung C K Y. 2003. Economic growth and increasing house prices[J]. Pacific Economic Review, 8(2): 183-190.

Liang Q, Cao H. 2007. Property prices and bank lending in China[J]. Journal of Asian Economics, 18: 63-75.

Ling D C, Naranjo A. 1999. The integration of commercial real estate markets and stock markets[J]. Real Estate Economics, 27(3): 483-515.

Liow K H. 2004. Corporate real estate and stock market performance[J]. The Journal of Real Estate Finance and Economics, 29(1): 119-140.

Liow K H, Yang H. 2005. Long-term co-memories and short-run adjustment: securitized real estate and stock markets[J]. The Journal of Real Estate Finance and Economics, 31(3): 283-300.

Liu C H, Hartzell D, Greig W, et al. 1990. The integration of the real estate market and the stock market: some preliminary evidence[J]. Journal of Real Estate Finance and Economics, 3(3): 261-282.

Liu H C, Mei J. 1992. The predictability of returns on equity reits and their comovements with other assets[J]. The Journal of Real Estate Finance and Economics, 5: 401-418.

Liu H Y, Yun W P, Zheng S Q. 2002. The interaction between housing investment and economic growth in China[J]. International Real Estate Review, 5(1): 40-60.

Lucas Jr R E. 1988. On the mechanics of economic development[J]. The Journal of Monetary Economics, 22: 3-42.

Mishkin F S. 1994. Preventing financial crises: an international perspective[J]. Manchester School, 62(S1): 1-40

Modigliani F, Cao S L. 2004. The Chinese saving puzzle and the life-cycle hypothesis[J]. Journal of Economic Literature. 42: 145-170.

Okunev J, Wilson J P. 1997. Using nonlinear test to examine integration between real estate and stock markets[J]. Real Estate Economics, 25(3): 487-503.

Okunev J, Wilson P, Zurbruegg R. 2000. The causal relationship between real estate and stock markets[J]. The Journal of Real Estate Finance and Economics, 21(3): 251-261.

Okunev J, Wilson P, Zurbruegg R. 2002. Relationships between Australian real estate and stock market prices-a case of market inefficiency[J]. Journal of Forecasting, 21(3): 181-192.

Quan D C, Titman S. 1999. Do real estate prices and stock prices move together? An international analysis[J]. Real Estate Economics, 27(2): 183-207.

Romer P M. 1986. Increasing returns and long-run growth[J]. Journal of Political Economy, 94(5): 1002-1037.

Ross L, Sara Z. 1998. Stock market, banks, and economic growth[J]. The American Economic Review, 88: 537-558.

Tobin J. 1969. A general equilibrium approach to monetary theory[J]. Journal of Money, Credit, and Banking, 1(1): 15-29.

Tse R Y C. 2001. Impact of property prices on stock prices in Hong Kong[J]. Review of Pacific Basin Financial Markets and Policies, 4(1): 29-43.

Wilson J, Sylla R, Jones C. 1990. Financial market panics and volatility in the long run, 1830-1988 [C]// White E. Crashes and Panics. Homewood: Dow-Jones Irwin: 85-125.

Wilson P, Okunev J. 1999. Long-term dependencies and long run non-periodic co-cycles: real estate and stock markets[J]. Journal of Real Estate Research, 18(2): 257-278.

Wilson P, Okunev J, Ta G. 1996. Are real estate and securities markets integrated? Some Australian evidence[J]. Journal of Property Valuation and Investment, 14(5): 7-24.

Wurtzebach C H, Mueller G R, Machi D. 2000. The impact of inflation and vacancy on real estate returns[J]. Journal of Real Estate Research, 6: 153-168.

Zhang G, Fung H. 2006. On the imbalance between the real estate market and the stock markets in China[J]. Chinese Economy, 39(2): 26-39.